扫码，听芝麻科学故事

《芝麻大问号》编委会

芝 麻　编著

化学工业出版社
·北京·

本书是一本适合7～12岁少年儿童阅读的科普百科类图书，以央视著名少儿科普节目主持人芝麻解答新奇、有趣的科学问题为主要表现形式，书中精选了40个适合当代少年儿童知识水平和阅读习惯的科学问题，包括“这是真的吗”、“动物的新鲜事”、“身边的大问号”、“植物通关密语”、“世界未解之谜”和“科技超炫酷”等类别，通过芝麻风趣、生动甚至有些夸张的语言以及漂亮的图片，为小读者们讲解自然的奥秘、生活的诀窍，让他们感到科学原来是这么好玩、有趣，从而激发他们对科学的兴趣，培养他们探索科学的精神以及对自然万物的人文关怀。

图书在版编目（CIP）数据

芝麻大问号3 / 芝麻编著. —北京：化学工业出版社，2014.5（2023.1重印）
ISBN 978-7-122-19996-6

Ⅰ.①芝… Ⅱ.①芝… Ⅲ.①科学知识-少儿读物 Ⅳ.①Z228.1

中国版本图书馆CIP数据核字(2014)第056838号

策　　划：刘海星
责任编辑：王向民　张素芳　王思慧
责任校对：陈　静
装帧设计：尹琳琳

出版发行：化学工业出版社（北京市东城区青年湖南街13号　邮政编码100011）
印　　装：北京瑞禾彩色印刷有限公司
880mm×1230mm　1/32　印张5　字数200千字
2023年1月北京第1版第13次印刷

购书咨询：010-64518888　　售后服务：010-64518899
网　　址：http://www.cip.com.cn
凡购买本书，如有缺损质量问题，本社销售中心负责调换。

定　　价：25.00元

成长的必要一课

这本书我是抱着极大的热情并带着微笑看完的，我不得不说，在目前已经出版的大量青少年科普图书中，能让我有这样的耐心和兴趣读下去的书并不多。

现在，孩子的教育已成为每个家长无比上心的一件事，然而，并非只有学校的教学才是唯一重要的教育，与他人的交流、领导能力、团队协作能力、面对困难的应对方法、合理安排计划、必要的文史哲修养，等等，都是孩子成长过程中需要涉及的内容。当然，科普知识和科学精神更是必不可少的一课。

科普教育是一种社会教育，它涉及自然科学、社会科学等多方面的内容，同时它还是一种全民性的教育，无论孩子还是我们大人都需要接受这种教育。它是我们工作、学习和生活中都用得到的小贴士、大智慧，实用而且神奇。而科学研究和探索中提倡的那种务实、钻研、勤勉、坚韧的精神，更是孩子们从小应养成的习惯，只有这样才能让科学精神在他们的心中生根、发芽。无论家长对孩子们未来的规划是否与科学有关，让孩子们接受科普教育对他们今后的人生都是很有助益的，而一本既有趣又通俗易懂、包罗万象的儿童科普读物是启蒙的很好选择。

孩子们承载着万千父母的期望，同时也背负着祖国的期待，让他们快乐、健康地成长和全面发展是天下父母与祖国母亲的共同愿望，而科普无疑是其中非常必要的一课——请原谅我再次强调，因为事实早已证明，这真的很重要。我期待看到更多像本书这样适合孩子们阅读的科普书的问世，我相信孩子们也期待得到这样一本可以将他们的世界变得更加绚丽多彩的图书。

第十届全国人大常委会副委员长
中国关心下一代工作委员会主任　顾秀莲

世界到底有多奇妙？

亲爱的小读者们，现在你们手里的这一系列“大问号”，是大家最喜欢的芝麻特意为你们而写的。你们喜欢芝麻的有趣和聪明，但是大概不知道他为什么要写这么一系列书吧！“世界”，听起来又庞大又深奥，感觉是大人才能懂的事情，小朋友也可以看这样的书吗？

当然可以，因为我们生活在这个世界里，世界的奇妙，是无处不在的。

每天早晨，当你起床的时候，你有没有想过，太阳为什么总是从东边升起，又在西方落下？当你走在上学的路上，会不会思考，行道树是什么品种，那些枝头的鸟儿又有怎样的习性？还有，蚊子为什么要咬人，苍蝇为什么会传播疾病？家里的小狗为什么吐着舌头？就连你睡觉的时候，大自然都悄悄地藏在你身边，蟋蟀在窗外轻声地歌唱，还有些美丽的花儿，专门在夜里开放。

只不过，你们现在年龄还小，掌握的自然知识也有限，但你们终有一天会长大，成为对社会有用的人，有些人还能成为科学家或者自然学家。也许那时候，世界对你们来说仍然还有很多“为什么”“怎么办”和“不知道”，但是，请相信我吧，你们一定会觉得，世界真的是太奇妙了！

世界的秘密有多少？这些“大问号”会比电子游戏更加有意思吗？

当然是这样，芝麻在书里会告诉你很多有意思的知识，我们生活在这个美丽的地球上，如果你完全不懂这些秘密，那可真是太不好玩了。

其实，整个世界和整个宇宙，并不是有些小朋友认为的那么“遥远”，相反，它会让你知道很多有趣和吸引人的事。比如，世界上还有恐龙吗？很多小朋友都知道，没有了，那芝麻为什么会知道恐龙有多高？他是乱猜的吗？还是真的有一台能够穿越时光的机器，把芝麻送回了恐龙的时代？答案都不是，芝麻没有乱猜，更没有亲眼看到，而是科学家们提供了一种方法，使得我们就算没有见过恐龙，仍然能够推断出它们当时是怎么生活的。如果你想知道这个秘密，除了亲自去问芝麻，就只好翻开书来读一读了。

愿芝麻的书，能带给你们最大的快乐！

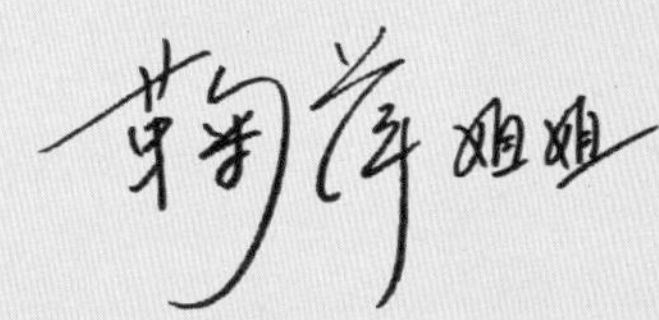

目录

这是真的吗？

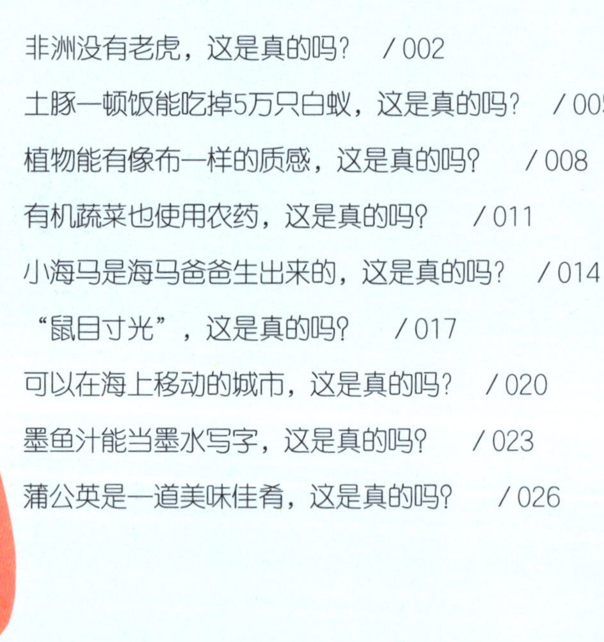

动物的新鲜事

身边的大问号

植物通关密语

世界未解之谜

科技超炫酷

这是真的吗？

有机蔬菜也使用农药，这是真的吗？

小海马是海马爸爸生出来的，这是真的吗？

墨鱼汁能当墨水写字，这是真的吗？

非洲没有老虎，这是真的吗？

芝麻我很喜欢猫，所以对老虎这种“大猫”也很关注，我注意到老虎只是出现在亚洲，而欧洲和非洲并没有老虎，这是真的吗?

其实，自然界的选择决定了一切，非洲没有老虎，可以说是自然竞争的结果。根据目前的古生物学证据，最早的虎距今已有200万年的历史。一块在河南省渑池发现的虎头骨化石被古动物学家认为是“中国祖虎”，它可是现代虎的直系祖先呢。后来，在自然界的发展过程中，中国的气候、环境都发生了变化，大型有蹄类动物（鹿、牛等）增多，为老虎提供了丰富的食物资源。在追捕猎物和对气候、生存环境的不断适应过程中，老虎很快就遍布于中国大陆了。

从我国中原地区起源的老虎，分成了三个分支，一支扩散至东北亚，变成了东北虎；一支向中亚发展；还有一支则越过秦岭，一部分甚至到达了东南亚，变成了苏门答腊虎、孟加拉虎等。然而在中国的老虎向世界扩散的过程中，没有老虎能穿越阿拉伯沙漠，因为它们的祖先从来没有到达过非洲，所以现在的非洲也就没有老虎啦！同样的，老虎的祖先在翻越寒冷的高加索山脉和乌拉尔山脉的时候也被自然界的极端气候所阻挡，所以欧洲至今也没有野生的老虎，人们想要看到老虎，就只能去动物园观赏啦。

你可能会说，现在运输工具这么发达，咱们抓两只老虎放到非洲去呗——别说，还真有科学家这么做过实验，结果如何呢？

两只东北虎被科学家放到非洲草原上进行野化训练，但是它们表现得非常不适应，在低纬度地区很难生存。因为老虎是独栖动物，习惯生活在森林中，最喜欢树木繁多、隐蔽性较强的空间，所以树木稀少的非洲草原确实不适合老虎的生存。作为猫科动物，老虎虽然不太喜欢游泳，但是非常喜欢喝水和生活在阴凉的环境中，而非洲大多是热带沙漠、热

带草原，很少有大片的水源和树木供老虎休憩，因此，科学家带去野化的老虎对这种环境极不适应。

自然的选择是十分奇妙的，也是十分公平和有逻辑的。从“物竞天择，适者生存”的角度来说，当年老虎的祖先没有到达的地方就是不适宜老虎生存的环境，如果我们强行将本地区的生物放到它们不该去的地方，就会导致物种灭绝、物种入侵等一系列严重的后果。可以说，大自然的平衡微妙而严肃，人类就算拥有再高的智慧和科技，也不应该随意打破这种平衡。

芝麻告诉你

猫科是猫形类动物中分布最广且是唯一现代可见于新大陆的一科，其中包括一些人们最熟悉、最引人注目的动物，如老虎、狮子、豹子、家猫等。猫科动物是以肉食为主的哺乳动物，非常善于捕猎，是天生的优秀猎手。

现在，我要考考你们：老虎有许多种，你知道体型最大的老虎是哪种虎吗？

A. 东北虎　B. 华南虎　C. 孟加拉虎　D. 苏门答腊虎

土豚一顿饭能吃掉5万只白蚁，这是真的吗？

你们别看芝麻我瘦瘦的，其实我是个十足的大胃王。我一顿饭能吃下一整只肘子，你行吗？但如果跟土豚比起来，我一定甘拜下风。

土豚有个别名叫非洲食蚁兽，可谓身强力壮。由于它长得像猪，又喜欢吃蚂蚁，所以非洲人又叫它土猪或蚁熊。而在中文里，“豚”有“猪”的意思，因此我们叫它土豚。这种动物虽然体型挺大，但主要靠吃小小的蚂蚁和白蚁为生。但是，我要说土豚一夜之间能吃掉5万只白蚁，你能相信吗？乖乖，虽然白蚁不大，但那是五万只哦！如此看来，土豚绝对是白蚁的噩梦啊！

土豚的体型类似大袋鼠，但比袋鼠显得肥壮，它们的体长一般为 90 ~ 140 厘米，体重约 50 ~ 60 千克，分布于撒哈拉沙

漠以南的东非至南非地区。土豚是一种稀少的奇特动物，特别是牙齿与众不同，没有门齿和犬齿。由于它们的牙齿可以终生生长，那么土豚在用起牙齿来还有什么顾忌呢？短了可以再长，断了可以再生。芝麻我要是有这样的牙齿，顿顿啃骨头吃，哼哼。

土豚之所以有吃白蚁的本事，是因为其有粗壮的四肢和锋锐的趾爪，它们是杰出的“挖地虎”，一只土豚打洞的速度甚至可超过10名使用镐锄等工具的成年人。我觉得中国钻井队或者隧道工程队应该吸收土豚为特别队员，它们的打洞本领绝对不同凡响。你知道吗？非洲草原上的白蚁穴高达数米，硬似水泥，刀砍斧剁也仅能留下浅痕而已，但土豚对付它们则显得游刃有余，其能够抓破蚁丘，然后用细长的粘舌粘食四散奔逃的白蚁。据动物学家考证，土豚的饭量很大，一夜真的可以吃掉五万只白蚁，它们的饭量真是惊人啊！

非洲的白蚁啊，芝麻我去了，你们不用害怕；可是土豚去了，你们可千万要小心了。

芝麻告诉你

在非洲，土豚的窝是一道独特的风景，洞穴长达 3 ~ 12 米，但有时彼此相连，能绵延十几千米甚至几十千米。糟糕的是，随遇而安、行踪不定的“房主”记性很差，常常忘记旧窝而另建新宅，所以土豚的家往往被其他动物借用，在里面能找到蜥蜴、蟒、眼镜蛇、蜜獾、疣猪等，甚至有狮子、豹子这样的大型动物，当地土著人偶尔也利用土豚的窝躲避风雨。土豚出租房屋，也不知道收没收房租。

现在，我要考考你们：土豚近期还没有绝种的烦恼，你知道这是为什么吗?

A. 土豚很厉害，没有天敌　B. 土豚很臭，没人愿意接近

C. 土豚很丑，肉不好吃　D. 土豚善于打洞，敌人找不到

芝麻大问号?

植物能有像布一样的质感，这是真的吗？

世界之大，无奇不有。芝麻我最大的爱好就是收集那些稀奇古怪的问题，这不，有个同学提出的问题真的很奇怪——世界上真的有用布做成的植物吗？芝麻我听说过植物中的棉花能够经过加工变成布，可是用布做成的植物还是头一次听说。不过，有什么事情能难得倒我勤学好问的芝麻呢？

这位同学，你所说的这种植物一定是布纹球。它的质地有点像芝麻我小时候玩儿的沙包，仿佛是由一块块结实的布片拼接而成。布纹球是多年生草本花卉，它的老家在南非，喜欢生长在温暖和阳光充足的地方。它的长相奇特，外形就像一个小球，直径只有 8 ~ 12 厘米，也就跟富士苹果那么大。球体呈灰绿或绿色，有 8 条从上到下的棱，棱脊上有圆叶痕，球体外皮有清晰的类似布纹一样的花纹，这些花纹使其更具魅力。布纹球以其怪异的形体及色泽深受众多植物爱好者的喜爱。在芝麻我看来，布纹球倒是很像中国古代蹴鞠用的皮球，对比这张图片，你看我说得对不对呢?

作为雌雄异株的植物，布纹球中雄株的数量很少，这也使它的繁殖受到了限制，即使栽培多年，也得不到多少布纹球的种子，因此，布纹球的人工繁殖数量也是很少的。物以稀为贵，想见到布纹球还真不太容易呢!

芝麻告诉你

像布纹球这样稀奇古怪的植物还有很多，听上去名字超酷的“鸾凤玉”。它不是美玉，而是一种外形像五角星一样的植物，看上去就如同五个碧绿饱满的粽子堆在一起。它最突出的特点是，棱越少越珍贵，其中以三棱的“三角鸾凤玉”最为珍贵。

鸾凤玉喜欢阳光灿烂、温暖舒适、空气流通的环境，由于鸾凤玉具有很高的观赏价值，所以植物学家们非常热衷于培养鸾凤玉的杂交变种。例如我国植物学家培育的“碧方玉”，日本植物学家培育的“花园兜”，等等。

现在，我要考考你们：有一种名为“玉翁”的植物，它体色鲜绿，形态为圆形或椭圆型。你知道它的家乡在什么地方吗？

A. 墨西哥　B. 美国

C. 南非　　D. 中国

有机蔬菜也使用农药，这是真的吗？

芝麻我最注重身体健康，最喜欢吃蔬菜，有人对我说：“芝麻，蔬菜要买有机的哦！”有机蔬菜就真的那么好吗？也有人告诉我，有机蔬菜也会使用农药，这是真的吗？

其实，这是把有机蔬菜与无公害蔬菜混淆了。有机蔬菜在生产过程中的确不使用化肥、农药、生长调节剂等化学物质。我们先看看什么是有机蔬菜吧！

有机蔬菜也就是人们说的生态蔬菜，是指来自于有

机农业生产体系，根据国际有机农业的生产技术标准生产出来的，经独立的有机食品认证机构认证允许使用有机食品标志的蔬菜。有机蔬菜的种植和一般蔬菜不同，它的种植最讲究安全和自然，因为只有这样才可以很好地促进和维持生态平衡。

无公害蔬菜是指按照相应生产技术标准生产的、符合通用卫生标准并经有关部门认定的安全蔬菜，其中农药残留、重金属、亚硝酸盐等有害物质被控制在国家允许的范围内。

有机蔬菜和无公害蔬菜相同的地方有如下两点：一是两者的生产环境都没有遭到破坏，灌溉水、土壤、空气没有受到污染；二是两者的产后（包括采收后的洗涤、整理、包装、加工、运输、贮藏、销售等环节）都没有受到二次污染。

有机蔬菜与无公害蔬菜不同的地方是，有机蔬菜在生产过程中不使用化肥、农药、生长调节剂等化学物质，不使用基因工程技术，同时还必须经过独立的有机食品认证机构全过程质量控制和审查，允许使

用有机肥料（主要用于基肥），防治病虫害不用化学农药，而用防虫网、生物农药及其他非化学手段；而无公害蔬菜则要求在生产过程中不用或少用化肥和化学农药，其有害物质的含量要在国家允许的范围内。

芝麻告诉你

绿色蔬菜是我国农业部门推广的认证蔬菜，分为 A 级和 AA 级两种。其中 A 级绿色蔬菜生产中允许限量使用限定的化学合成物质，AA 级绿色蔬菜则严格地规定在生产过程中不允许使用化学合成的肥料、农药、食品添加剂和其他有害于环境和健康的物质。从本质上讲，绿色蔬菜是从普通蔬菜向有机蔬菜发展的一种过渡性产品。

现在，我要考考你们：有机蔬菜已经逐渐走入寻常百姓家，在下列国家中，哪个国家的有机蔬菜普及率最高？

A. 日本　B. 美国　C. 中国　D. 英国

小海马是海马爸爸生出来的，这是真的吗？

同学们一定都知道，我们都是妈妈生的，其实不仅仅是人类，大多数动物都是由雌性产仔的，但也有例外。芝麻我就听说：小海马是海马爸爸生出来的，你们猜这是真的吗？

芝麻我告诉你们，的确是这样的。海马是最不像鱼的鱼类，它集马、虾、蜻蜓、象四种动物的特征于一身。它有马形的头、蜻蜓的眼睛、虾一样的身子、象鼻子一般的尾巴，它还有皇冠式的角棱、头与躯干弯成直角并有着好像披着甲胄的身体以及垂直游泳的游动方式。虽然海马和普遍意义上的鱼有如此大的外形差异，但它的确是用鳃呼吸的近陆浅海小型鱼类。

而雄海马之所以能够产仔，那是因为雄海马的腹部

皮肤褶皱连在一起形成了一个孵卵囊，就像袋鼠的“育儿袋”一样。雌海马把卵产在这个“育儿袋”中，雄海马负责“孕育”。海马一年可繁殖两三代。每年春夏相交的季节，雌雄海马便开始相互追逐，寻找“伴侣”。一旦情投意合，雌雄海马便尾部相互缠在一起，腹部相对。雌海马会细心地把卵子排到雄海马的“育儿袋”中，此后，雄海马就担起了“妈妈”的角色，孕育小海马。经过 20 天左右的孕育，小海马发育完全，雄海马就要开始“分娩”，雄海马把它那能蜷曲的尾巴缠在海藻上，依靠肌肉的收缩前俯后仰，每向后仰一次，“育儿袋”便张开一次，将小海马一尾接一尾地弹出体外。海马这种独特的繁殖方式既保证了后代的安全，又加速了雌海马再次产卵，使种群一直保持着良好的繁衍速度。

芝麻大问号？！

你知道怎样分辨雌雄海马吗？正是靠这个育儿袋。跟袋鼠正好相反，雄海马有育儿袋，而雌海马却没有，你记住了吗？

芝麻告诉你

海马的一双眼睛可以各自分别向上下、左右或前后转动。因此，它的身体不用转动，就可以用伶敏的眼睛向各个方向观看。有时候，它可以一只眼向前看，另一只眼向后看，除了蜻蜓和变色龙之外，其他动物都没有这个本事。

现在，我要考考你们：因为人类的过度捕杀，海马的数量已经很少了，属于濒危动物。你知道人们为什么热衷于捕杀海马吗？

A. 海马是名贵的药材
B. 海马外形奇特，人们用它制作工艺品
C. 海马的肉很好吃
D. 海马的皮很珍贵

你一定知道“鼠目寸光”这个成语，难道老鼠的视力真的那么差吗？芝麻我对此持怀疑态度，因为如果这是真的，我们想要捉到一只老鼠就不会那么费劲了。本着科学的态度，芝麻我还是对此进行了一番研究，我这就告诉你老鼠的视力到底如何！

通常野鼠的视力都很好，说它们“寸光”显然是不对的；家鼠虽然是近视眼，但视力也不至于差到只有“寸光”的程度。由于家鼠主要在夜间活动，它们对光线还是相当敏感的，即使身处黑暗之中，看见10米以内的移动物体还是很轻松的。相比于它们不太争气的视觉，家鼠在听觉、味觉、嗅觉和触觉方面的能力则更为出色。家鼠的听觉很发达，对突然出现的声音很敏感，能够迅速适应有节奏的、反复出现的声音。家鼠的味觉也相当发达，能够识别食物中的微量杂质，它们在这方面的能力要远远强于我们人类。家鼠的嗅觉特别灵敏，能够迅速发现包装中的食物，并能够区分食物品质的优劣，同时，因为家鼠常用尿或其他部位的腺体分泌物在自己活动的范围内作标记，因此灵敏的嗅觉可以帮助它们进行定位。家鼠的触觉也很敏感，在夜间活动时，它们的触须就是“导盲棒”，相当于盲人的拐棍，依靠触须和身上的刚毛来保持身体与物体之间的距离，所以它们喜欢沿着墙根奔跑。

那么，“鼠目寸光”这个词又是从何而来呢？所谓的“鼠目寸光”，是指我们人类经常用诱饵来捕获老鼠，而老鼠往往经不起诱惑而丧命。在这个成语中，“寸光”指的不是视力，而是见识短浅。

老鼠非常灵活且狡猾，它们的活动总是鬼鬼祟祟的，在出洞前通常先趴在洞边左瞧右看，确定安全后方才出洞。它们喜欢在“窝—食物—水源”之间建立固定路线，以避免遇到危险。只要周围略有动静或者变化，就会立即引起它们的警觉。同时，老鼠具有很强的记忆力，如果它们在某处受过袭击，就会长时间回避此地。不过，老鼠的智商虽然较高，但我们人类更聪明！人们利用老鼠喜欢走固定路线并有很强记忆力的特点，往往在它们熟悉的环境中设下诱饵来抓捕它们。看来什么事情都要灵活应对，千万不要墨守成规啊。

芝麻告诉你

老鼠和牛一般大，你觉得可能吗？芝麻我很负责地告诉你，在很久以前确实存在过这样的巨鼠。在南美洲乌拉圭沿海的一个考古现场，人们发掘出一只400万年前老鼠的头盖骨，该头盖骨长为53厘米，据研究人员估算，这只古鼠的个头与一头公牛差不多，体重与一辆小轿车相当。这么大的巨鼠又是怎么灭绝的呢？据推测，由于这种古鼠齿小颚弱，它们应该是以植物为食。据说，由于二三百万年前，南美洲和北美洲已经通过巴拿马地桥连接起来了，北美洲的大型猫科动物和熊就来到了南美洲，占领了本来属于巨鼠的领土，这种温和的巨鼠就灭绝了。

现在，我要考考你们：你知道世界上现在还有多少种老鼠吗？

A. 150多种　B. 250多种　C. 350多种　D. 450多种

你生活的城市是怎么样的？最好看的地方在哪里？有什么地方是你特别想去的？如果让你住在一个特殊的城市里，你愿意吗？这座特殊城市的最大特点就是——它会移动！今天推开你家的窗户，窗外能看到纽约的自由女神像，过些天在同样的时间，推开窗户看到的却是上海的东方明珠电视塔，每天家门口的景色都让你充满期待，这样的家，这样的城市，你想要吗？真的有这样的城市吗？芝麻我告诉你，现在真的还没有！不过，别灰心，我们再等一等，不久的将来就会有，这样的城市就在茫茫大海上！其实，有许多科学家已经开始研究可自由移动的海上城市了。

比如，“自由号”海上漂浮城市就已经开始建造了！它是由美国佛罗里达州自由之船国际公司设计的，以太阳能和波浪能为动力。“自由号”可是个庞然大物，它长 1372 米、宽 229 米、高 107 米，由 25 层组成，需要 2 万名船员，可供 5 万人永久居住，每天可接待游客 3 万人，其中 1 万名客人可在船上过夜。“自由号”就是一个微缩的城市，学校、医院、公园、购物广场、美术馆、

机场等设施一应俱全。它还可以一直停留在海上，每两年可环绕地球一圈。“自由号”的主要航线是从美国东海岸经由大西洋进入欧洲，再由意大利前往非洲，路过澳大利亚向北进入亚洲，最终返回美国西海岸，并进入南美洲。这座海上城市70%的时间将在大城市海岸附近停留，30%的时间在国家之间的海洋上移动。

而由比利时著名建筑设计师文森特·嘉勒博设计的“百合花瓣”水上移动城市模型则更新颖，它是一个漂浮的两栖城市，可以根据不同的风向和气候在地球上到处漂流。设计师希望，当有一天范围较大的灾难来临时，在这座漂移城市居住的人们可以全部随城市漂移到适合居住的地方以逃避劫难。当然，迄今为止，这还是一种设想。

目前，世界上提出海上移动城市设想的还有美国的“新奥尔良理想城市栖息地”、日本的“睡莲之家”以及比利时的“百合镇”等。海上漂浮城市，被称为“乌托邦式”的未来人类居所，想象一下，还真是令人期待啊！

芝麻告诉你

海上移动城市也面临着种种挑战。就像“新奥尔良理想城市栖息地”的设计者凯文·朗普费尔所说的那样，人们面临的第一个挑战就是需要克服恶劣天气对人类造成的身心损害；第二个挑战是建在海平面上的这类城市极易遭受洪水和风暴潮等灾害；第三个挑战是海上移动城市下方的土壤由数千英尺软土、盐和黏土组成，在这种土壤上很难建设大规模集中式建筑物。

现在，我要考考你们：“海上移动城市”移动的动力是什么？

A. 海上移动城市像轮船一样，由螺旋桨推动

B. 海浪的推动

C. 太阳能、波浪能以及风力

墨鱼汁能当墨水写字，这是真的吗？

同学们，你们见过墨鱼吗？知道为什么这种软体动物被叫作墨鱼吗？那是因为它会喷“墨”。没骗你，墨鱼喷射出的墨鱼汁真够黑的。芝麻我就见过墨鱼释放“烟幕弹”，霎时，水中“乌烟”滚滚，一片漆黑。有的同学又该问了：这么黑的墨鱼汁能不能当墨水写字啊？芝麻我这就来揭开谜底。

墨鱼，又名乌贼。虽然被叫作“鱼”，其实它不是鱼，而是生活在海洋里的软体动物。墨鱼体内长有一个墨囊，里面贮满了浓黑的墨汁，这是它危急时刻借以脱身的“烟幕弹”。墨鱼体内墨汁的主要成分是水，之所以呈现黑色，是因为墨鱼汁含有肉眼看不见的黑色颗粒，这种颗粒有两层结构：高密度的内核和低密度的外壳，内核就是所谓的墨鱼汁啦。墨鱼汁的主要化学成分是

黑色素和一些蛋白质。用墨鱼汁写字，当时看起来乌黑发亮、清晰美观；但是时间一久，墨色便会逐渐变淡，字迹自然消失，这是因为墨鱼汁是黑色素和蛋白的结合物，时间长了就会被氧化，所以用它写的字自然会消失。

那么，你们肯定想知道，我们平时用来书写的墨水是什么成分呢，为什么用墨水写的字不会消失呢？这是因为墨水的主要成分是鞣酸亚铁等，氧化后会变成不溶性的高价铁，这些成分可以增强耐水性并使字迹变黑，颜色持久不褪。

同学们，你们知道墨鱼还是著名的游泳健将吗？在海洋生物中，墨鱼的游泳速度最快，与一般鱼靠鳍游泳不同，它们是靠肚皮上的漏斗管喷水的反作用力飞速前进的，其喷射能力就像火箭发射一样，甚至可以使墨鱼从深海中跃起，跳出水面的高度可达 7 ~ 10 米。同时，有的墨鱼的身体就像炮弹一样，能够在空中飞行 50 米左右。墨鱼在海水中游泳的速度通常可以达到每秒 15 米以上，据说瞬间最大时速可以达到 150 千米。号称鱼类中游泳速度冠军的旗鱼，时速也只有 110 千米，与墨鱼相比只好甘拜下风了。

墨鱼浑身是宝，如果只是用墨鱼汁写字，

芝麻觉得那真是大材小用了。要知道，墨鱼汁经加工后不仅可制成印刷用的油墨，还可制成止血药。1990 年，日本青森县的科学家发现墨鱼汁中含有抗癌成分，纯化后可使 60% 的患癌小鼠恢复健康。由于墨鱼汁具有高效抗肿瘤活性以及增强机体免疫力方面的突出作用，还引发了一股“黑色食品”热。

受到墨鱼的启发，人类在陆战中，作战双方常常利用发烟罐、发烟手榴弹放出浓烟来掩护步兵和坦克前进。有时候，也在敌人进攻的方向上施放烟幕，使己方在烟幕的掩护下顺利转移。以前在海战时，利用烟幕甚至可以把一艘上万吨级的战舰隐蔽起来。没想到吧！墨鱼不仅是美味，还对人类有那么多启发呢！

现在，我要考考你们：墨鱼又叫乌贼，大约有 350 多种，有大有小，你知道最大的是哪一种吗？

A. 针乌贼　B. 鱿鱼　C. 大王酸浆鱿　D. 大王乌贼

芝麻大问号

蒲公英是一道美味佳肴，这是真的吗？

在夏天里，芝麻我最喜欢到田野里闲逛。这是因为我要去寻找一种十分有趣的植物，它就是蒲公英。每次找到这种植物，我都欣喜若狂。因为我又可以像吹泡泡一样使劲儿一吹，漫天的蒲公英种子就像是漂浮的伞兵，好看极了。有朋友曾对我说："蒲公英是一道美味佳肴！"

蒲公英可以吃，这是真的吗？为了解开这个谜底，芝麻我特地做了一些调查研究。

我了解到蒲公英其实是一味草药，我国古代的许多医学著作里都有记载。这种神奇的草药不仅能够治疗脓疮和一切毒蛇、毒虫的咬伤，而且吃了以后还能够使头发更乌黑、身体更强健，如果得了感冒或扁桃体发炎等疾病，蒲公英一样能够药到病除。

现代医学研究已经证明，蒲公英中含有多种成分，包括蒲公英醇、蒲公英素等，同时还含有丰富的微量元素。怎么样，小小的蒲公英居然含有这么多对人体有益的成分，你肯定想象不到吧。

这么营养丰富的蒲公英，不把它做成美味佳肴吃掉还真对不起大自然的恩赐。芝麻我这就到郊外收集蒲公英去，回家做一道清新自然的凉拌菜吧。其实，这个凉拌菜就是把蒲公英的叶子洗干净蘸着酱油、醋生吃了。嘿嘿，虽然芝麻我不会做什么大餐，但是据说这样吃才能最大限度地吸收营养呢！而且我还听说，把蒲公英的花蕾腌着吃，可以提神醒脑，这对于我一天到晚不停思考问题的大脑可是太有效了。而且，蒲公英炒肉丝这道菜据说味道更好，当然了，我可不是喜欢里面的肉丝啊。

对于喜欢漂亮的女同学和你们的妈妈们来说，这可是一个秘密。没错，蒲公英还可以做面膜，也就是说它的美容功效十分显著。毕竟它含有的多种元素以及蛋白质、脂肪、维生素等，对于我们的肌肤来说肯定是有益的。而且，它还有去除雀斑的作用哦。

现在，我要考考你们：蒲公英有个别名叫“尿床草”，你知道这是为什么吗？

A. 蒲公英有利尿的功效
B. 吃了蒲公英，晚上就会尿床
C. 怕小孩子误食，编出来吓唬小孩
D. 纯属人们的误传

动物的新鲜事

什么动物的毛比黄金还贵？

花朵上的精灵指的是什么鸟？

小丑鱼为什么不怕海葵

鱼会像鸟类一样迁徙吗？

有没有听说过动物大迁徙？这可是芝麻我一直在研究的课题。最激动人心的当然是非洲野生动物大迁徙了。不仅如此，候鸟的迁徙也是众所周知的。每到秋天的时候，天空中会出现成群结队的大雁，它们队形整齐地飞向南方。根据季节的变化，从一个栖息地飞向另一个栖息地是很多鸟类赖以生存的独特生活习惯。那么接下来我要问你的问题是：鱼会像鸟类一样迁徙吗？

在水中生活的小鱼每天都必须要游动，有一种游动是没有方向和周期的，比如说躲避敌人、寻找食物。但是有一种游动是有方向和周期的，这就是鱼类的“迁徙”，科学家们将这称作“洄游”。

洄游就是鱼类在一年或一生中所进行的周期性定向往返移动。许多鱼类都有洄游的习性。洄游距离长的可达几千千米，短的只有几十千米。

鱼类的洄游分为四种类型，分别是海洋鱼类的洄游、溯河性鱼类的洄游、降海性鱼类的洄游与淡水鱼类的洄游。海洋鱼类的洄游，就是这类鱼

的一生完全在海洋中生活，洄游也是在海洋中完成的。溯河性鱼类的洄游比较有趣，这类鱼生活在海里，但要返回江河的中上游繁衍下一代，由于在洄游过程中体力消耗很大，到达产卵场，生殖后亲体即相继死亡，幼鱼长大后又回到海里去，在我国北方被称为大马哈鱼的鲑鱼就是典型的溯河性鱼类。降海性鱼类的洄游，就是这类鱼绝大部分时间都生活在淡水里，却要洄游至海中繁殖，鳗鲡是典型的降海性鱼类。淡水鱼类的洄游跟海洋鱼类的洄游很相似，这类鱼一生完全在内陆淡水中生活和洄游，它们的洄游距离通常较短，洄游情况也有所不同：例如，有的鱼生活在流水中，但要到静水中去产卵；而有的鱼生活在静水中，却要到流水中去产卵。

那么，鱼类为什么会辛辛苦苦地洄游呢？首先是外部原因，鱼类生活在水中，水的温度、水流和盐度都会对它们的生存环境造成影响。比如说水温发生变化了，鱼

类就会游到适合自己生存温度的水域去。其次，鱼类的洄游和遗传也有一定的关系。另外，还有些鱼类洄游是为了繁殖下一代。生殖洄游路线最广泛的就是我们常常吃的带鱼啦，它们通常在我国沿海的近岸处产卵，只是时间不同，北方带鱼洄游较早，而南方带鱼洄游较晚。它们的生殖洄游方向自南至北，产卵地点多在渤海湾、舟山群岛等附近，这也是因为那里的浮游性生物稠密的缘故。生殖洄游也被称为产卵洄游。

掌握鱼类的洄游规律，在渔业生产上具有极其重要的意义。每年到了一定的季节，鱼类就成群结队地进行定期洄游，它们游经的路线和群集产卵、索饵以及越冬的地点就是最佳的捕捞场所，形成我们常说的“渔汛”。

芝麻告诉你

大马哈鱼是我国著名的鲑鱼品种，平时生活在太平洋北部的海域。每年秋季，它们会从生活地开始洄游，游过漫长的 1500 千米抵达产卵场，产卵后亲鱼的一生也就结束了。第二年春天，新生的小鱼随江流游回大海。

现在，我要考考你们：在浩瀚的海洋和宽广的江河中，大马哈鱼是靠什么寻找并回到自己的出生地呢？

A. 靠嗅觉　B. 靠记忆　C. 靠本能　D. 靠智慧

蚂蚁王国到底有什么秘密生活呢？

生活在城市里的人们，见到野生动物的机会是很少的，但是哪怕是在钢筋水泥建筑林立的市中心，我们也可以找到一种总是忙忙碌碌的小动物——蚂蚁。你见过蚂蚁吗，你有没有像芝麻我一样蹲在大树下，观察一下午蚂蚁的经历呢，蚂蚁身上可是有很多的秘密哦！

蚂蚁是一种常见的昆虫，有六条腿，根据科学家们的研究，它们虽然黑黑小小的，也没有翅膀，却跟蜜蜂是亲戚。和蜜蜂一样，蚂蚁也是一种社会化的群居性昆虫，它们不仅数量众多，种类也特别多，据科学家们推算，地球上生活着的蚂蚁可能有近两万种，而现在发现的才不过九千多种。品种和数量都十分惊人的蚂蚁是世界上抗击自然灾害能力最强的昆虫，在沙漠、悬崖等很多恶劣的环境中，它们都能生存下来。如果追溯蚂蚁王国的历史，大概可以从恐龙时代谈起，从距今超过 1 亿年的远古时代，到沧海变为桑田的今天，小小的蚂蚁甚至没有

发生太大的变化，它们仍旧以它们的节奏，适应着从恐龙到汽车时代的变迁。

蚂蚁的群体与人类一样，是一个忙碌而井然有序的小社会，每一群蚂蚁就像一个小小的城市，有数百万甚至上千万的居民，不同于人类的是，这个庞大城市中所有的居民都是有血缘关系的！甚至，它们都是同一个母亲生的女儿！

没错，你没看错，是女儿。在蚂蚁王国中，从蚁后到工蚁、兵蚁，绝大部分的居民都是雌性，雄性非常稀少，而且往往在交配以后，雄性就会死去。蚁群的分工非常明确，往往在一个蚁巢底部最安全的地方，生活着整个群体的妈妈——蚁后，它很少离开蚁巢，除了进食和休息，它只负责产卵。工蚁是没有生殖能力的雌蚁，它们承担着蚁巢中所有的日常工作，比如照顾蚁后，抚育新生儿，寻找食物，等等。而兵蚁，顾名思义，这是一种特殊的工蚁，它们也没有生殖能力，却有力量强大的下颚或者有毒的刺，专门负责保护蚁巢的安全，防止外敌入侵。除此以外，蚁群中会有极少量的雄蚁和生殖系统发育完整的雌蚁，它们发育成熟的时候，都会长出翅膀，前者就像“王子”，后者像是“公主”，它们会飞出蚁巢，交配后建立新的蚁群。

看到这里，你一定要问，蚂蚁不会说话，它们又是怎样分配工作、各司其职的呢？科学家们研究发现，它们彼此是通过身体发出的信息素来进行交流沟通，并通过触角来辨别这些信息。当蚂蚁找到食物时，会在食物上撒布信息素，别的蚂蚁就会本能地把有信息素的东西拖回洞里去。除此以外，每一窝蚂蚁都有自己特定的识别气味，有相同气味的东西不会受到攻击，这就是同窝蚂蚁可以很好协作的基础。

就是靠着这种亲密的合作和无私的奉献，蚂蚁成为了地球上最古老、最顽强的物种，在蚂蚁的世界里，只要集体需要，它们随时可以奉献自己的一切，甚至生命。这样的精神，对我们也有一定的教育意义。

芝麻告诉你

在中国历史上，很早就有关于蚂蚁的记载。有一个流传很广的故事里说，楚汉相争之际，汉高祖刘邦的谋士张良用饴糖作诱饵，使蚂蚁闻糖而聚，组成了“霸王自刎乌江”6个大字，霸王见此以为天意，吓得丧魂落魄，不由仰天长叹：“天之亡我，我何渡为？”乃挥剑自杀而死。汉家天下蚂蚁助成的故事从此流传开来。而张良正是利用蚂蚁嗜甜这一习性，智取刚愎自用的霸王，可谓兵法妙用，棋高一着定江山。

现在，我要考考你们：蚂蚁是自然界中真正的大力士，你知道它们可以举起相当于自身体重多少倍的物品吗？

A. 20 倍　B. 50 倍　C. 150 倍　D. 400 倍

什么动物的毛比黄金还贵？

关于动物，芝麻我总会收到各种各样的问题。现在我手里拿着的信封里装着一个很沉的问题：什么动物的毛比黄金还贵？

说到黄金，历来都被视作财富的象征。现在 1 克黄金饰品的价格基本维持在 300 元人民币左右，而且其价格从长远来看总体上还是不断上涨的，一枚很小的黄金戒指就要好几千元钱呢。但是地球上有一种动物的毛，居然比黄金还要贵重很多！它就是我国特有的珍稀动物——藏羚羊。

说到藏羚羊，它可是被称为“可可西里的骄傲”，在青藏高原，无论是海拔 4000 ~ 5300 米的高

原荒漠，还是冰原冻土地带及湖泊沼泽周围，都有藏羚羊的身影，它的活动范围有88万平方千米那么广阔。对于人类来说，藏羚羊生活的很多区域都是“生命禁区”，但是藏羚羊却有着非常好的适应性。即便如此，世界上藏羚羊的数量还是越来越少，成为濒危的野生动物之一。作为国家一级保护动物，它还被列入了《濒危野生动植物种国际贸易公约》，并且在全世界范围内严禁贸易。

这是为什么呢?

藏羚羊为了适应高寒气候，在长期的进化过程中，它们的身上都生长有罕见的绒毛。这种羊绒弹性好，纤细轻软，保暖性特别强，被称为“羊绒之王”。一般来说，从一只藏羚羊身上只能摘取到125～150克的羊绒，所以非常珍贵而稀少，价格自然非常高昂，也因为其堪比黄金的价格，又被称为“软黄金”。在欧洲市场上有一种叫作“沙图什”的羊绒披肩，制作一条“沙图什”披肩大概需要三只藏羚羊的羊绒才够用。这样一条披肩，早在1996年的伦敦市场上，就能卖出大约36000元人民币的天价。正因为藏羚羊的毛比黄金还要贵，才给它们带来了杀身之祸。

芝麻我就非常奇怪了，为什么非要用藏羚羊的羊绒做披肩呢？用别的羊绒不行吗？

答案令人吃惊，也令人心碎。通常，一条“沙图什”披肩大概长 2 米、宽 1.5 米，但是重量却仅有三四百克，如果你把它攥在一起，不用费力就可以拧成一条柔软的“绳子”，其粗细竟然可以穿过戒指！所以，用藏羚羊的羊绒做的披肩又叫“指环披肩”,很多贵妇为了显示身份、追求时尚，都希望拥有这么好看、这么轻柔的披肩。因为普通的羊绒做不出这个效果，因此一些人更加丧心病狂地猎杀藏羚羊，给它们带来了灭顶之灾。

直到现在，仍然有人冒着被抓捕的风险去猎杀藏羚羊，甚至，他们在遇到保护藏羚羊的动物保护人员时，为了所谓的“时尚”和金钱，不惜先杀死这些藏羚羊的保护者，再杀死藏羚羊。当人类对美丽的追求变成了屠杀，再美丽、再昂贵的东西，也是没有意义的。

没有买卖，就没有杀害，如果你还想看见藏羚羊，就一定要抵制任何用藏羚羊制作出来的商品。

要知道，最美的披肩，就是夕阳给青藏高原上自由生活的藏羚羊

披上的金色光芒，那代表希望和宁静，是黄金也买不来的最珍贵的东西。

芝麻告诉你

要知道，自由生活在青藏高原上的藏羚羊是非常美丽的。它们的背部呈红褐色，腹部为浅褐色或灰白色，形体健壮，雄性角长而直，乌黑发亮；雌性则无角。它们跑得特别快，最高时速可以达到每小时 110 千米，跟家庭轿车的速度相当呢！藏羚羊目前生存的地区东西相隔 1600 千米，到每年的五六月份，雌性藏羚羊就会前往专门的地区生下小藏羚羊，然后带着它们走过长长的路途，到另一个地方生活，这种充满爱的场景是大自然的馈赠，每个人都应该珍惜，而不是破坏它。

现在，我要考考你们：藏羚羊之所以十分珍贵是因为它的什么特质?

A. 它柔顺的绒毛　　B. 它轻盈的身体
C. 它的快速奔跑　　D. 它的肉质鲜美

疣猪的脸上为什么长瘤子？

你看过动画片《狮子王》吗？如果看过，那这部动画片里的哪个动物我们在动物园里很少见到呢？芝麻我的答案首先就是——蓬蓬。蓬蓬长得像小猪，可那两颗大大的牙齿又是怎么回事呢？它是不是我们想象出来的，是小猪、大象和犀牛的结合体呢？哈哈，其实啊，蓬蓬就生活在我们的世界里，它的家在非洲，它的真名叫作——疣猪！

疣猪其实是野猪的一种，由于它的面部长着两个标志性的大瘤子一样的东西，我们通常将这种瘤子称为面疣，所以大家都叫它疣猪。疣猪的脑袋和身体的比例严重失调，巨大的头部约占体长的三分之一，看上去比身子还重，长长的獠牙龇在外面，让它看起来实在是面部狰狞、形象恐怖。但实际上疣猪是一种比较温和的动物，若没有遇到别的动物的侵犯，它是不会主动攻击其他动物的。

疣猪的脸上为什么会

长着两个大瘤子呢？这要从疣猪的生活方式说起。疣猪是穴居动物，它们生活在洞里不仅可以巧妙地躲避掠食者的进攻，还可以防止被太阳暴晒，所以它们最擅长挖洞啦。但是挖洞的时候尘土飞扬，它们整个身体都扎进了土里，在不断适应环境的过程中，它们进化出了这两只大“瘤子”用来保护眼睛。相对于雌性来说，雄性疣猪在獠牙之上还有两只瘤子。为了让洞穴成为最好的隐蔽空间，疣猪不但在挖洞的时候有自己的诀窍，就连钻洞的方式都与众不同，它们在入洞的时候都是后半身先进入，让自己的头部始终对着洞口，就算是在夜里，也能在遇到敌人的时候迅速地做出反应，用自己的獠牙来攻击入侵者。那么，都有哪些动物想要吃掉疣猪呢？说来有趣，尽管动画片里的蓬蓬和辛巴是超级好哥们儿，但是在自然界中，疣猪的天敌就是狮子等大型动物。

疣猪分为普通疣猪和荒漠疣猪两种：普通疣猪分布在非洲大陆上，但是它们不去非洲的热带雨林地区和北非的沙漠地区；而荒漠疣猪分布在埃塞俄比亚和索马里的荒漠地区。不同地区的疣猪繁殖时间是差不多的，疣猪在组建好家庭之后，在同一个繁殖季节就不再另外找伴侣了，无论丈夫还是妻子，都很忠实哦！在多雨的地区，疣猪终年都可以繁殖；而在比较干旱的地区，它们的繁殖就有了季节性，因为充足的雨量才能够为它们带来充裕的食物，让疣猪宝宝不至于挨饿，所以，那些住在干旱地区的疣猪都是趁着雨季到来的时候才开始准备生宝宝。

芝麻告诉你

据传说，疣猪是因为太懒惰了，才没有得到上帝分配的好面容。现在，无论是国内还是国外的评选，疣猪都“当仁不让”地入选了世界最丑的十种动物排行榜。

现在，我要考考你们：疣猪还有一种特殊的本领，你知道是什么吗？

A. 可以几个月不洗澡　　B. 可以几个月不睡觉

C. 可以几个月不吃饭　　D. 可以几个月不喝水

花朵上的精灵指的是什么鸟？

对于鸟类你了解多少？如果芝麻我说自己是一个观鸟者，你相信不相信呢？在众多的鸟类当中，我最喜欢一种被称为是花朵上的精灵的鸟。你知道它是什么鸟吗？

蜂鸟！答对了。用“浓缩的就是精华”来形容蜂鸟真是再恰当不过了。蜂鸟的外形十分娇小，看上去特别可爱，当然了，如果你不细心的话，有可能即使一只蜂鸟从你身边飞过也不会引起你的注意哦，或者你会认为那是一只蜜蜂呢！

作为世界上体型最小的鸟，蜂鸟可以称得上是花朵上的精灵。虽然个头小，但是从飞行能力来说，蜂鸟绝对可以称得上是精妙无双。它们的羽毛颜色鲜艳，像是浑身铺满了闪烁的宝石，尤其是有些蜂鸟的脖颈部位颜色靓丽，就像是镶嵌了无数片瑰丽的彩色水晶。蜂鸟的

肌肉特别强健，除了能够上下左右自由飞翔以外，还能表演倒飞的绝技，当然，它们最大的飞翔本领就是悬停，利用高速扑扇的翅膀，蜂鸟能够保持每秒钟 50 ~ 80 次的振翅频率，在这种状态下，它们还能够优雅地保持在空中原地不动的姿势，停留在花朵前采食花蜜、捕捉昆虫。

你知道哪里会有蜂鸟吗？让芝麻我来告诉你。绝大多数蜂鸟生活在南美洲，还有一部分生活在美国和加拿大。也就是说，自然界中的蜂鸟仅生活在美洲。是不是有些遗憾？没关系！对于我来说，能够看到摄影师拍摄的蜂鸟作品就很满足了。

蜂鸟是如何演化成现在的样子呢？这个过程到目前为止还是个未解之谜，想知道为什么吗？因为蜂鸟的体型太小了，所以它们的骨架在地层中不易保存成化石。幸运的是，古生物学家在德国南部发现了目前世界上最古老的蜂鸟化石，距今已有 3000 多万年了，虽然从研究的角度来说，一块化石提供的信息太少了，但这至少证明很早之前蜂鸟的祖先就已经生活在我们这个星球上了。

这么小的蜂鸟，它们的大脑恐怕只有一粒米大小吧，但是你知道吗？蜂鸟的记忆力却相当厉害。科学家发现，蜂鸟能够记住自己刚刚吃了什么，还能记住自己吃东西的具体时间，碰到那些自己没有品尝过的美味，记忆力超群的它们当然不会放过喽！蜂鸟大多吸食花蜜，在花丛当中，蜂鸟就像是小小的花仙子一样自由自在，翩翩起舞。蜂鸟是名副其实的“花”痴，尤其对红色的花更是情有独钟。有时候为了可口的花蜜，它们每天会在数百朵花上停留。现在你知道为什么大家把蜂鸟叫作“花朵上的精灵”了吧！

芝麻告诉你

蜂鸟的称谓还有很多，比如“花冠”、“森林女神”、“彗星”等。它的种类也很多，大约有300多种。最小的蜂鸟叫作吸蜜蜂鸟，只有1.8克重，相当于一粒花生米大小。最大的蜂鸟叫作巨蜂鸟，体重是吸蜜蜂鸟的十倍左右。

现在，我要考考你们：蜂鸟中最大的巨蜂鸟有多大呢？

A. 2千克　B. 50克　C. 20克　D. 400克

眼镜蛇的天敌是谁？

不怕大家笑话，芝麻我很怕一种动物，相信你也许跟我一样，也害怕这种冷血动物。这种动物就是蛇，尤其是毒蛇，每个人都会感到害怕，特别是毒蛇之王——眼镜蛇，更加令人毛骨悚然。眼镜蛇的体形很大，颈部有一对白边黑心的眼镜斑纹，样子十分可怕。

眼镜蛇的毒牙前有钩，能够分泌毒性很大的神经性毒液。如果把眼镜蛇激怒了，它的前半身就会竖起来，颈部膨大并发出“呼呼”的声音，样子真是凶恶极了！基于芝麻我十分怕蛇的缘故，因此我总是在寻觅着，自然界里是否有什么动物是蛇，尤其是眼镜蛇的克星？

虽然眼镜蛇十分毒辣威猛，可是，再厉害的动物在自然界之中都会有天敌。眼镜蛇的天敌就是蛇獴，这种凶恶的毒蛇一旦遇见了蛇獴，就活像是老鼠见了猫，

早已没有了“狭路相逢勇者胜”的气势，它们只能乖乖地束手就擒、坐以待毙了！

为什么眼镜蛇这么怕蛇獴呢？这还得从蛇獴自身的特点说起。蛇獴又被叫作“蒙哥”，这种动物的体形要比眼镜蛇小得多，头小、嘴尖、尾巴长，全身长只有约75厘米，但尾巴却占了身长的一半。这么小的蛇獴怎么敢在眼镜蛇这个太岁的头上动土呢？原来，蛇獴天生就对毒素有极强的抵抗力，眼镜蛇的毒性再大，一点也奈何不了它；同时蛇獴动作很灵敏，非常擅长与蛇搏斗。曾经有人做过一个试验：把蛇獴和眼镜蛇放在一起，你们猜会怎么样？这就是芝麻我揭秘的时刻，也是见证奇迹的时刻——在刚刚开始的时候，蛇獴全身的毛都竖了起来，眼镜蛇盯着蛇獴却不敢乱动。蛇獴见眼镜蛇伏着不动，便上前去逗弄它。眼镜蛇被激怒了，它将前半身

竖了起来，一次一次地向蛇獴发起攻击。不过，蛇獴却是很灵活，躲得也很快，眼镜蛇干着急，就是咬不着它。等到眼镜蛇把自己折腾得筋疲力尽的时候，蛇獴才摸到它的身后，出其不意地一口咬住它的脖子，并把它咬死，然后享用这顿美味大餐。

怎么样？惊险吧？芝麻我想好了，下次我去郊外旅游的时候，就带上一只蛇獴，这样就再也不怕蛇了！

芝麻告诉你

蛇獴是不是只是为了吃毒蛇，所以才去杀毒蛇呢？当然不是！在这个世界上，蛇獴活着的意义就是消灭毒蛇。有的时候，即使蛇獴吃饱了，但是如果它遇到了毒蛇，还是要把毒蛇咬死，就像猫见了老鼠那样毫不留情。蛇獴不但吃毒蛇，而且它还是捕捉鼠类的能手，凭借着它小巧而又灵活的身躯，蛇獴能够很容易地钻进老鼠洞里，把老鼠一个个地吃掉，这顿大餐吃得真是痛快！人们很喜欢蛇獴这个灭鼠英雄，现今我国云南一带还有养蛇獴的习惯，它是名副其实的益兽。

现在，我来考考你们：你知道世界上现在有多少种濒危眼镜蛇吗？

A. 10　B. 12　C. 14　D. 15

小丑鱼为什么不怕海葵?

在茫茫大海之中有一种动物叫作海葵，它通常生活在浅海的珊瑚、岩石之间。在海葵的触手上长着有毒的刺细胞，因此很多海洋动物对它敬而远之。可是有一种小鱼却一点都不怕它。同学们，你们知道这是什么鱼吗？对，就是它——“小丑鱼”。

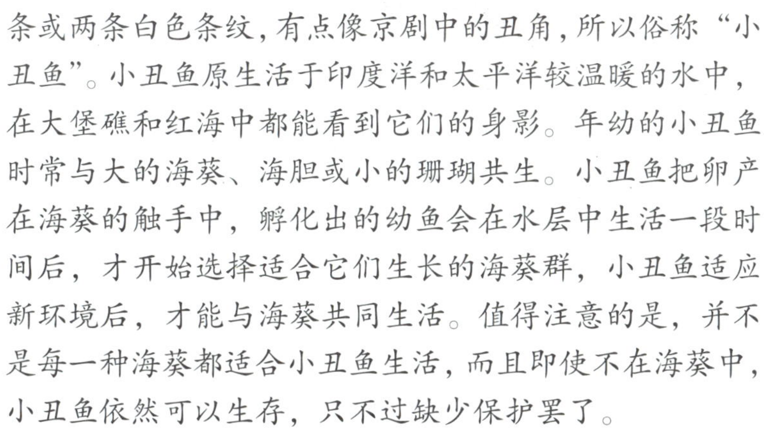

芝麻我猜想，很多同学跟我一样都看过《海底总动员》这部动画电影吧？这部电影的主角就是小丑鱼，它们脸上都有一条或两条白色条纹，有点像京剧中的丑角，所以俗称“小丑鱼”。小丑鱼原生活于印度洋和太平洋较温暖的水中，在大堡礁和红海中都能看到它们的身影。年幼的小丑鱼时常与大的海葵、海胆或小的珊瑚共生。小丑鱼把卵产在海葵的触手中，孵化出的幼鱼会在水层中生活一段时间后，才开始选择适合它们生长的海葵群，小丑鱼适应新环境后，才能与海葵共同生活。值得注意的是，并不是每一种海葵都适合小丑鱼生活，而且即使不在海葵中，小丑鱼依然可以生存，只不过缺少保护罢了。

自然界中时时隐藏着危险，小丑鱼艳丽的体色常给它们惹来杀身之祸。小丑鱼虽然弱小，但是它们也有保护自己的方法——躲进海葵丛中，利用海葵触手上的毒刺细胞保护自己。对于海葵来说，小丑鱼在它那里安家也有很大的好处，可借着小丑鱼的自由进出，吸引其他的鱼类靠近，增加捕食的机会。另

外，小丑鱼可除去海葵的坏死组织及寄生虫，它的游动还可以减少沉积到海葵丛中的残屑。它们之间这种互相帮助、互惠互利的生活方式称为“共生”。

可小丑鱼为什么不怕海葵的“毒刺”呢？据芝麻我的研究，小丑鱼还是很聪明的，它们身上有一种黏液，可以使小丑鱼免受海葵毒素的伤害。可以说，这种黏液就是小丑鱼出入海葵触手丛林的通行证。当然，也有人说这种黏液是小丑鱼从海葵那里“借”的。无论如何，只要有这种黏液，海葵就会知道这是“自己人”，而不会伤害它。

曾经有人做过一组实验：一是将一条小丑鱼麻醉了，再擦掉它身上的黏液，然后将它送回海葵的身边，这时海葵会像对待其他小鱼一样把它一口吞掉；二是也擦掉另一条被麻醉的小丑鱼身上的黏液，但待其清醒后再送回海葵身边，这时的小丑鱼就不会径直游回家里，而是小心地围着海葵游动，轻轻触碰海葵的触手，慢慢吸取保护物质，然后才重新回到曾经的“家”。

芝麻我真想也弄点这种神奇的黏液，把它涂到身上，这样我就可以像小丑鱼一样近距离观察海葵这种像花朵一样美丽的海洋生物了。说不定，海葵还会把我当成小丑鱼一样款待我呢。

芝麻告诉你

小丑鱼是极具领域观念的，通常一对雌雄鱼会占据一个海葵，并阻止其他同类的进入。在这样一个大家庭里，体格最强壮的是雌鱼，她和她的配偶雄鱼占主导地位，其他成员都是雄鱼和尚未显现特征的幼鱼。如果当家的雌鱼不见了，原来那一对夫妻中的雄鱼会在几星期内转变为雌鱼，完全具有雌性的生理机能，然后再花更长的时间来改变外部特征，如体形和颜色，最后完全转变为雌鱼，而其他的雄鱼中最强壮的则会成为她的配偶。小丑鱼竟然能够改变自己的性别，大自然是多么的奇妙啊！

现在，我要考考你们：你还记得小丑鱼为什么不怕海葵的“毒刺”吗？

A. 因为它长得丑　　B. 因为它可以变性

C. 因为它体表有一层特殊黏液　　D. 因为它给海葵送食物

世界上最毒的蛙类是什么？

谈到青蛙，大家是不是会想起童话故事中可爱的青蛙王子呢？但青蛙并不一定都是“王子”，也有毒蛙哦。据芝麻我调查，有一种箭毒蛙，就是世界上毒性最强的动物之一。

箭毒蛙又叫作毒箭蛙或毒标枪蛙，原产于中美洲和南美洲，它们曾作为抑制蚊子的武器被带到世界各地，现在，野生的箭毒蛙主要分布于巴西、圭亚那、智利等拉丁美洲的热带雨林中。箭毒蛙体形非常娇小，你猜有多小？通常，它们身体的长度只有 1 ~ 5 厘米不等，最大的也不过 5 厘米左右。但是不要以为它小就容易被忽略，相反，它非常显眼，除了黑色外，箭毒蛙的颜色还有艳红色、粉红色、亮橙色、亮蓝色、亮绿色等，可谓是色彩缤纷，其中以柠檬黄色最为突出。它们通身鲜明多彩，四肢布满了鳞纹，很多箭毒蛙身上并不止一种色彩，也有各色斑点相伴于身，就好像披着一件华丽的外衣，时刻提醒着周围的人和其他动物不要惹它们。

箭毒蛙可以说是蛙类中最美丽的一种，它们每一个个体几乎都是一件精致的艺术品。但是越美丽的东西往往越危险，箭毒蛙正是这样一种生物。但是，它们不像毒蛇有毒囊，也不像蜜蜂有蛰针，它们的毒素藏在哪里呢？芝麻我做了很多研究，才发现原来箭毒蛙的毒素都存在于其皮肤的分泌腺中。它们的毒素是一种最毒的甾族生物碱，能够破坏神经系统的正常活动。无论人还是其他动物，一旦摄入此毒素，大脑中枢神经所发出的各种指令就会受到阻碍，不能正常到达各个组织器官，最终使各个器官衰竭，导致死亡，而且没有有效的抢救措施。不过箭毒蛙的毒液只能通过血液传播，如果不把手指划破，毒素最多只能使手指麻痹或引起皮疹，不至于致命。

那么箭毒蛙的毒素到底有多可怕呢？芝麻我告诉你吧！据英国媒体报道，英国科学家成功地繁衍了一种箭毒蛙，其巨大的毒性一次便能杀死十个成年人。最毒的

是生活在哥伦比亚的艳黄色箭毒蛙，即使人体皮肤并未受损，仅仅接触它们的毒素就会迅速被皮肤吸收，导致严重的过敏甚至休克。而草莓箭毒蛙属于箭毒蛙中毒性最小的一种，可一旦沾染它们的毒素，也会使伤口剧烈肿胀并伴有烫伤般的灼热感，人会感到疼痛难忍。

芝麻告诉你

不要以为箭毒蛙只能给人类带来危险，它们也为人类做出过贡献呢。古代哥伦比亚人会用吹箭枪的矛头刮过箭毒蛙的背，然后放走它们，从而利用沾染毒素的矛枪来猎杀动物。此外，箭毒蛙还是天生的除害能手，因为箭毒蛙的主要食物是果蝇、蚊子和蚂蚁，所以它们可以有效帮助人类消灭蚊虫。这也算是它们可怕外表下的一点可爱之处吧。

现在，我要考考你们：美丽又危险的箭毒蛙最喜欢生活在什么样的环境中呢？

A. 干燥　B. 炎热　C. 寒冷　D. 潮湿

身边的大问号

“蛛丝马迹”中的“马”指的是什么呢？

节能灯泡是怎样节能的？

净化水和自来水哪个更干净？

乳酪为什么闻上去有臭球鞋味儿？

芝麻我今天回家刚脱了鞋就被一股臭球鞋味儿熏倒了。不对啊！这双球鞋可是刚买的新球鞋，而且是第一天穿。难道是桌上的那块忘记放进冰箱的乳酪？可是，乳酪为什么闻上去有臭球鞋味儿呢？

也不知是谁最先说乳酪闻上去有臭球鞋味儿的，于是乳酪在中国就臭名远扬了。为了进一步了解乳酪，芝麻我特意买了几块常见品种的乳酪，果然，我闻到了传说中的“臭球鞋味儿”，但是，我也发现买来的这几块乳酪也不都是臭的。这是为什么呢？

经过向奶制品专家请教，芝麻我终于了解到所谓的臭球鞋味儿其实并不代表乳酪变质发霉，而是氨气味，是乳酪熟过头后产生的气味。既然这样，芝麻我当然要去看看乳酪到底是怎么做出来的了。

乳酪也称作奶酪、干酪或芝士，是一种把

奶放酸之后增加酶或细菌制作的奶制食品。在古罗马人发明新的乳酪制作方法之前，人们大多是用比较传统的方法制作乳酪，即在酸羊乳自然分解成凝乳和乳清后，涤去凝乳中的水分，再塑形晒干；而罗马人则通过将凝乳素投入鲜奶中主动得到凝乳的方法制作乳酪。经过几千年的不断改进，目前乳酪的制作工艺已经固定成型：取奶、加热、添入发酵剂、凝固、入模沥干、成型压制、水洗、盐渍、成品，而乳酪的风味则取决于奶质、自然环境、制作程序、制作时间等。

我们平时用来夹面包、三明治的乳酪都是加工乳酪，它在超市的货架上随处可见。而在那些乳酪爱好者的眼里，天然乳酪才是他们的最爱。天然乳酪可分为新鲜乳酪、白霉乳酪、蓝纹乳酪、洗浸乳酪、半硬乳酪、硬质乳酪、山羊乳酪等。乳酪的品种数以百计，各有各的风味，仅用“臭”来概括，未免太武断了。但确实有很多乳酪

的味道很刺激，外观看上去也吓人，比如一些乳酪带着青色、蓝色的纹路或霉斑，足以吓退第一次吃它的人。所以，芝麻我建议没有吃过乳酪又想冒险的人先从清淡的乳酪入口，在接受了清淡的乳酪后，再尝试风味更强烈的乳酪，只有循序渐进，才能享受到各种乳酪的独特滋味。

芝麻告诉你

也许很多人对乳酪的认识还停留在小餐盘上一块淡黄色的乳制品上，这种“小清新”的乳酪比较常见，殊不知“乳酪猛于虎”。芝麻我第一次吃到重口味的乳酪时，鼻腔里充满了臭袜子和臭鱼的味道，这实在是太恐怖了，而吃过后又像榴莲一样回味无穷，最后我居然会觉得太好吃了！正像臭豆腐闻着臭、吃着香一样，那种惊魂未定之后的回味无穷，正是重口味乳酪的可爱之处。你把它拎到任何一个较封闭的空间去，仅仅往那一摆，就能达到“杀伤性”武器的效果。

现在，我要考考你们：蓝纹乳酪是所有乳酪中风味最特别的一种，它是用什么材料制成的呢?

A. 甘蓝和凝乳混合　　B. 蓝莓和凝乳混合

C. 蓝带啤酒和凝乳混合　　D. 蓝色色素和凝乳混合

“蛛丝马迹”中的“马”指的是什么呢？

“蛛丝马迹”中的“马”是指我们常见的食草动物——马，还是另有所指？“马迹”是指马的痕迹吗？芝麻我这就来告诉你。

“蛛丝马迹”是一个常用成语。蛛丝，即蜘蛛拉出的丝，这没有歧义。那“马迹”又是指什么呢？难道是指马的蹄印？还是指马走过留下来的痕迹？其实，“蛛丝马迹”中的“马”，与拉车驾辕、四蹄如飞的哺乳动物“马”没有任何关联，而是指一种活动于灶台上的小昆虫——灶马！它的正确含义是指从挂下来的蜘蛛丝可

以找到蜘蛛的所在，从灶马爬过留下的痕迹可以查出灶马的去向，用来比喻事情所留下的隐约可寻的痕迹和线索。

灶马也叫灶蠡，这种昆虫身体粗短，总是驼着背，触角较长，看上去好像没有翅膀，六肢细长，关节及胫节有棘刺，后足发达，靠后腿摩擦鸣叫。灶马在灶台上爬行之时，常会留下一丝不易察觉的痕迹，这种痕迹便是“马迹”。因为它与细微的蜘蛛丝一样让人难以识辨，于是人们便将二者联系起来，并称为“蛛丝马迹”。

也许有人会说，芝麻你说得不对，循着马蹄印找到线索也是很容易的呀。仔细推敲一下，你就会发现，这样的解释是很难成立的。因为古时城镇道路多是用砖铺设的，即使是京城奢华之地的道路，也不过用些石条而已。在这些地方，人来车往，熙熙攘攘，即使飞马奔过，也未必能够看到多少痕迹。而乡间道路，则基本上都是土路，快马过去，马蹄印迹大而明显，显然不能与这个成语“用来比喻隐约可寻的线索和迹象”的含义相吻合。其次，中国成语在结构上往往有前后对应的特点，“蛛丝”与“马迹”是相互对应的。如果“马迹”是指又大又明显的马蹄印的话，那就很难与“隐约可寻”的蜘蛛丝相对应，而将其解释为灶马爬过留下的不很明显的痕迹则要贴切得多。

综上所述，芝麻我可以肯定地说：“蛛丝马迹”中的“马”指的是灶马。学习知识的过程是个不断探索、不断求实的过程。在学习新知识的时候，同学们不能不求甚解，一定要多问几个为什么。

芝麻告诉你

灶马不是马、鲸鱼不是鱼、荷兰猪不是猪、金丝熊不是熊、熊猫也不是猫，这样的例子还有好多呢，看来我们真不能“望文生义”啊，一切都要经过调查研究才有发言权。

现在，我要考考你们：你知道下面哪种动物不是“马”吗?

A. 蒙古马　B. 三河马　C. 海马　D. 柏布马

节能灯泡是怎样节能的？

芝麻我虽然自诩为科学工作者，但不怕你们笑话，我有点怕黑，又有点小气，晚上想要灯亮一点又怕费电。怎么办呢？哎，用节能灯嘛！

如今，所谓的节能产品主要都是针对白炽灯来讲的。普通的白炽灯光效大约在每瓦 10 流明左右，寿命大约在 1000 小时左右。它的工作原理是：当白炽灯被接入电路后，电流流过灯丝产生热量，使白炽灯发出连续的可见光和红外线，此时，灯丝的温度会升到 3000℃，由于工作时的灯丝温度很高，大部分的能量以红外辐射的形式浪费掉了，而且也正因为这样，即使是耐高温的钨丝，蒸发得也很快，所以白炽灯的寿命一般也就是 1000 小时左右。

节能灯主要是通过镇流器给灯管内部涂有一些荧光粉的灯丝加热，温度大约在 1340℃时，灯丝就开始发射

电子，电子通过碰撞产生紫外线，紫外线则会激发荧光粉发光。由于荧光灯工作时灯丝的温度比白炽灯工作的温度3000℃低很多，所以它的寿命大大提高了，可以达到5000小时以上。又由于它不存在白炽灯那样的电流热效应，荧光粉的能量转换效率也很高，可达到每瓦50流明以上。

一般来说，在瓦数相同的情况下，一盏节能灯与一盏白炽灯相比可节能80%，平均寿命能够延长8倍，而热辐射仅相当于白炽灯的20%。在非严格换算情况下，

一盏5瓦节能灯的光照约等于25瓦的白炽灯，7瓦节能灯的光照约等于40瓦的白炽灯，9瓦节能灯的光照约等于60瓦的白炽灯。

还等什么，我去买节能灯喽！

芝麻告诉你

怎样挑选质量放心的节能灯呢？芝麻我告诉你几个窍门：①买节能灯要首选知名品牌，并确认产品包装完整，标志齐全；②外包装上通常会有节能灯的寿命、显色性、正确安装位置的说明；③打开包装后，节能灯上还应有一些必要的标志，主要有电源电压、频率、额定功率、制造商的名称和商标等。

现在，我要考考你们：目前，主流的节能灯简称CLF。近几年，又有一种新的灯具出现了，它比CLF更节能，而且更亮。你知道它的简称是什么吗？

A. LCD　B. LED　C. CED　D. CLD

净化水和自来水哪个更干净？

芝麻我家的小区里新近安装了一台净水器，可以净化自来水，并且水是现制现喝，十分方便。我于是也办了一张水卡，隔几天就去打一次水。但我不禁产生了一个疑问，为什么要净化自来水，难道自来水不够干净吗？

大家都知道，我们生活中使用的自来水是通过自来水处理厂净化、消毒后生产出来的。北京的自来水的水源主要来自密云水库，自来水公司把密云水库的水处理净化后，通过管道输送到千家万户。这样看来，自来水已经是经过净化并可以被人们安全使用的水了。但是，自来水虽然安全，可味道却不怎么好。你没发现吗？自来水有一股浓重的漂白粉味，有时候还会有水锈味。芝麻我用烧开的自来水沏茶总觉得味道不对。而且，我新买的用来烧水的不锈钢水壶，没用多久，

壶底就有了一层厚厚的水垢。

小区里的净水器又做了什么呢？一般它会对自来水进行净化、软化或纯化处理，或者三种处理都进行。实际上，将自来水变成净化水的过程，就是通过相应的过滤材料，根据不同的用水需求，以物理或化学的方式，去除水中的铁锈、泥沙、余氯、有机物、有害的重金属离子、细菌、病毒等。

还有一种净水器是安装在家里的水龙头上的，它的净化过程与小区里安装的净水器基本差不多。芝麻我觉得，安装在家里的净水器虽然使用方便，免去了出门打水的麻烦，但还是需要定期更换滤芯，而且前期投入成本比较大。

通过我的介绍，你肯定明白了净化水和自来水究竟有什么不同了吧。其实，就是自来水公司对来自江河湖泊里的水进行净化得到自来水，小区里的净水器对自来水进行再净化就得到了净化水；自来水为人们提供安全用水，净化水为人们提供高品质用水。

所以，你要问净化水和自来水哪个更干净？当然是净化水更干净了。芝麻我现在用烧开的净化水来沏茶，味道自然就不一样了！

制作自来水的水源都是来自大自然的地表水或地下水，是需要消毒的。现在自来水厂的消毒大都采用氯化法，方法是把氯气溶于水，产生次氯酸和盐酸，次氯酸承担了消毒的主要任务。对于有臭味的无机物来说，它能将其彻底氧化消毒，对于有生命的天然物质如水藻、细菌而言，它能穿透细胞壁，氧化其酶系统（酶是生物催化剂）使其失去活性，使细菌的生命活动遇到障碍而死亡。

现在，我要考考你们：将比较脏的水变成比较干净的水，一般需要沉淀、过滤、吸附，你知道一般都用什么物质进行吸附吗？

A. 海绵　B. 火山石　C. 活性炭　D. 冻豆腐

芝麻大问号

人怎样才能一直旋转而不晕呢?

在2014年的央视春节晚会上有一个特别的节目，吸引了芝麻我的目光。一位小姑娘一直不停地匀速旋转了四个多小时。根据热心网友的计算，她大概旋转了19000多圈，虽然芝麻我从小抗眩晕能力就比别的同学强，但是别说19000圈，就是190圈恐怕也受不了啊！看来真是山外有山，人外有人。有的人说这是特异功能，有的人说这是天生的。这倒是让我想到一个问题：人怎样才能一直旋转而不晕呢?

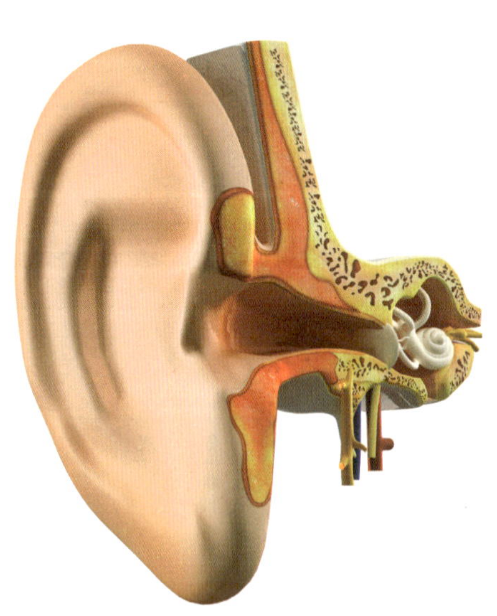

想要弄明白这个问题，首先要知道人旋转为什么会晕，那就得变成微型机器人潜入到我们的头部去看一看啦。

主管人体平衡的器官是我们的小脑，而控制我

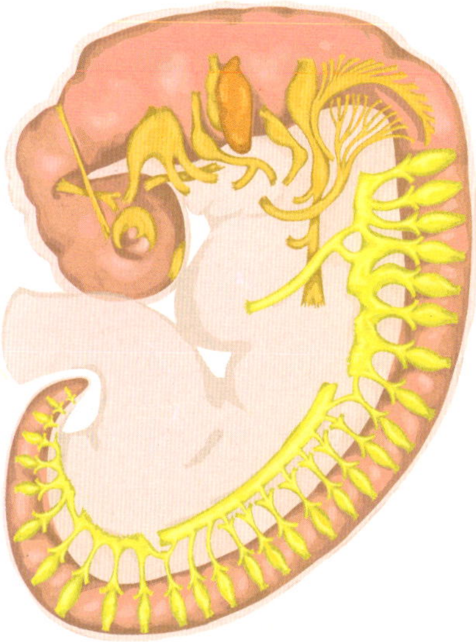

们身体平衡的信号是通过我们耳朵深处一个叫作前庭的神经器官传递的。前庭是一个很小却构造很复杂、精密的器官，它的里面长满了像水草一样的细小绒毛，这些小小的绒毛与神经细胞相连，一有风吹草动，前庭系统就会准确地感受到。当你进行激烈运动的时候，无论是身体前倾着奔跑，还是向上跳跃投篮，前庭都会准确地调整你的平衡。这也是为什么我们进行运动时不会轻易摔倒的原因。当然也有例外，如果你是去游乐场坐海盗船或者是天旋地转之类的剧烈旋转项目，哪怕有的人只是坐旋转木马，由于快速旋转打破了人体平衡系统的工作规律，前庭在对付瞬息万变的旋转时就显得手忙脚乱，许多人因此会感到晕眩和明显的不适。这时候我们通常都会说：转晕了。

那么，2014 年的央视春晚上那个小演员为什么能转 19000 圈而不感到眩晕呢？芝麻我特意请教了专门研究人体神经系统的专家，他们认为主要有以下三个原因：第一，确实有一些人天生抗眩晕的能力就强于常人，从游乐场那些高速旋转项目就能看出来——有的人一个项目

下来就晕得直呕吐，有的人却好像什么事情都没有；第二,一个抗眩晕能力强的人，如果采用了正确的方法，就能够转得更久，其中匀速运动是最有效的方法，这样始终如一的频率和速度能够让我们的前庭系统根据旋转的速度和频率很快调整好平衡；第三，有效的训练可以提高抗眩晕能力，最典型的例子是飞行员的训练，无论是开高速战斗机还是直升机，飞行员都要进行抗眩晕训练。对于通过了严格体检的飞行员来说，他们的前庭功能都很正常，但要保证能够熟练驾驶高速飞行的飞机并完成飞行任务，借助器械和科学的方法进行抗眩晕训练是必不可少的一课。其实，不光是飞行员，远洋货轮上的船员，驾驶坦克的坦克兵，还有那些高空作业的工作人员都需要进行不同情况下的抗眩晕训练。

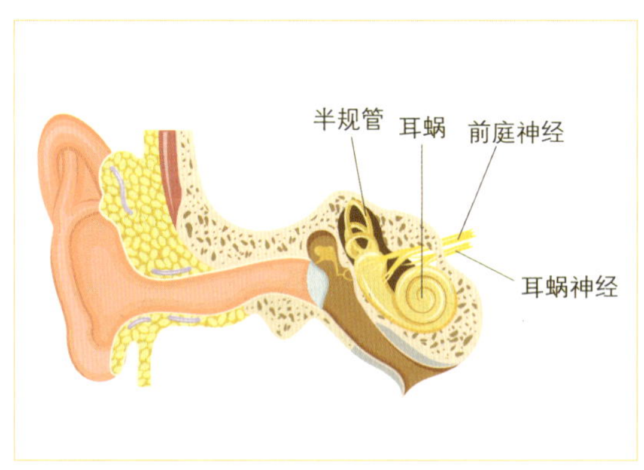

有没有人真的一点儿也不怕旋转呢？这个问题连专家也无法确定。对于我们人类来说，在旋转之后的眩晕是正常反应。如果你能保持好身体的节奏和平衡，可能只有一点点轻微的眩晕感觉。芝麻我这就转上两圈，哎呀！不行了，我要晕倒了。

芝麻告诉你

同飞行员和船员的抗眩晕训练比起来，航天员要经历更难以想象的特殊抗眩晕训练，因为宇宙飞船中的情况更复杂。航天员进行抗眩晕训练的器材是电动转椅，这种转椅以每分钟24圈的转速飞速旋转，而航天员要在上面至少坚持5分钟才算过关。毕竟，宇宙飞船上天可是比飞机上天要快得多，因此对航天员抗眩晕能力的要求也更高。

现在，我要考考你们：人会眩晕，下面的哪种动物也会眩晕呢？

A. 蚊子　B. 蟑螂　C. 猴子　D. 草履虫

植物通关密语

有比钢铁还硬的植物吗?

有见血就封喉的树吗?

面包树和面包有什么关系?

有比钢铁还硬的植物吗?

世界上最坚硬的东西都有哪些?钢铁还是钻石?或者是那种传说中的外星陨石?芝麻我正在寻找一种神奇的植物,据说它的硬度是普通钢铁的两倍。如果真的是这样,芝麻我最想做的事情就是——种树。

其实这种珍贵的树木有一个很硬的名字——铁桦树。这种树主要分布在我国和朝鲜接壤的地区,朝鲜南部和俄罗斯南部的海滨地区也有它的身影。铁桦树最大

的特点当然是它树干的硬度了，既然比钢铁还硬，那么一般的刀斧恐怕休想伤害它一点儿皮毛，所以芝麻我最感兴趣的就是：铁桦树要用什么工具才能加工呢？难道是用切割玻璃的钻石切割刀吗？其实我的担心肯定是多余的，就算是制作万吨巨轮和坦克的坚硬钢材都有办法进行切割塑形，作为木材的铁桦树就是再坚硬也有办法进行加工啊！我倒是真想到木材加工厂试试我的小钢锯能不能锯动铁桦树呢！

铁桦树的生长期很长，在过去主要依靠人力和简陋工具伐木的年代，铁桦树的坚硬材质让人望而却步，只有极少的木材用于建筑和家具生产，所以很多树都能活到 500 年到 600 年。这对于高大的落叶乔木来说，也可以称得上长寿了。到了现代社会，铁桦木的坚硬特性得到了人们的重视，人们发现这种粗壮的树木居然能够轻

易抵挡住子弹的攻击。

铁桦树的坚硬是和它的内部构造分不开的。材料学家通过各种试验来测量铁桦树的硬度等各项指标，发现它的密度远大于其他硬木。

芝麻告诉你

在前苏联时期，铁桦木就被用在军舰上了，快艇上的很多零件，比如轴承和滚珠都是用铁桦木做成的。芝麻我想之所以用铁桦木来作为金属的替代品，是因为铁桦木在水里的卓越性能。因为它的密度大，质地坚硬，就算泡得再久，也不会渗入水分。

现在，我要考考你们：铁桦树的种子靠什么传播到各地呢？

A. 风力吹送　　B. 鸟类吞食后带走
C. 人类采摘种子　　D. 野兽身上粘走

罂粟真的很危险吗？

你们知道“林则徐虎门销烟”吗？芝麻我十分痛恨曾经向中国出售鸦片的帝国主义列强。因为鸦片是一种毒品，人们一旦吸食鸦片以后就会上瘾而不能自拔。那么，为什么鸦片有如此大的魔力，鸦片的主要成分到底是什么呢？芝麻我调查发现，制取鸦片的主要原料是罂粟，同时罂粟的提取物也是多种镇静剂的主要成分，如吗啡、蒂巴因、可待因等。不过，罂粟虽然有毒，但是它的花朵却非常漂亮，花瓣薄而脆弱，有着鲜艳的颜色和引人注目的姿态。

你一定很好奇罂粟来自于哪里吧！罂粟原产于地中海东部山区、小亚细亚、埃及、伊朗、土耳

其等地，公元7世纪时由波斯地区传入中国。同学们可以在世界地图上查看一下，罂粟是以怎样的路线流入中国的。

罂粟为什么很危险呢？罂粟的种植以及使用历史十分悠久，人类的祖先很早就认识了罂粟，考古学家们的研究结果表明，早在新石器时代，人们就在地中海东海岸的群山中发现了罂粟。在5000多年前的苏美尔文明时期，人们就虔诚地称它为“快乐植物”，认为这是神灵赐予人类的高贵植物。除此之外，它还被鼎鼎有名的古希腊大诗人荷马称为“忘忧草”，被罗马诗人维吉尔称为“催眠药”。之所以获得这些美名，完全是因为罂粟具有麻醉神经的作用，古埃及人也曾把它当作治疗婴儿夜间哭泣症状的灵药。但并不是所

有种植罂粟的人都是由于它的这一功效，有些奴隶主种植罂粟只是为了欣赏它美丽的花朵。

但是，人们对罂粟的了解并没有仅仅停留在麻醉和缓解疼痛的疗效上，进入19世纪后，人们终于发现了罂粟虽然能够治愈一些疾病，但它却是一把双刃剑。因为它在为人们治疗疾病、让人忘却痛苦和恐惧的同时，也能使人的生命在麻醉中枯萎，在迷幻中毁灭。可悲的是，由于西方一些国家的自私与贪婪，在禁绝本国人吸食鸦片的同时，却把灾难引向了整个人类。这些殖民者丧失了基本理性和良知，将鸦片运往世界上许多国家和地区，其中就包括中国，它们大发黑心财，同时也在摧毁吸食者的身体健康。大家都知道的民族英雄林则徐虎门销烟的壮举，就发生在这一时期。

你们一定想知道目前罂粟的主要种植区在哪里吧！芝麻我来告诉你，这个地方可是大大的有名，那就是位于缅甸、泰国、老挝三国交界处的“金三角”地区，它大部分属于缅甸。说到“金三角”种植罂粟的历史，就要追溯到1852年了。当时大英帝国发动了第二次英缅战

争，他们占领缅甸后，发现缅北山区是种植罂粟的好地方，于是就强迫当地的土著人种植罂粟，提炼出鸦片后把它销往别的地方。

同学们，芝麻我希望你们记住：罂粟虽然在医疗上有一些作用，但它是一种毒品，大量地使用会使人上瘾，损害身体健康。我们一定要远离它。

芝麻告诉你

每年的6月26日是国际禁毒日，也叫国际反毒品日。随着近年来毒品走私日益严重，吸毒的现象在全世界范围内趋向泛滥，毒品对人类的生活和健康危害越来越大。“热爱生命，远离毒品”是我们每个人都应该自觉遵守和积极倡导的。同学们，让我们一起努力，让毒品远离校园，共同守护我们的健康家园。

现在，我要考考你们：罂粟到底是由于什么而闻名世界的？

A. 它美丽的花朵　　B. 它能提炼出毒品

C. 它的难移植性　　D. 它独特的用处

每当芝麻我看到古装电视剧中的毒针、毒液情节都觉得特别恐怖！你是否也和我一样，对那些神秘的毒药感到害怕呢？下面，我来给你们介绍一种带有剧毒的树木——见血封喉树，听到这个名字就觉得很毒吧。人或动物为什么一碰到见血封喉树就会立刻毙命呢？

神秘的见血封喉树是不是长得特别吓人，像电影里那些地狱中的植物一样扭曲、恐怖呢？其实不是，见血封喉树是一种乔木，树皮是灰色的，具有乳白色的汁液，春天和夏天会开花，秋季结果，树干部分十分粗大。它的乳白色汁液有剧毒，人或动物不小心接触到它，中毒者就会出现血管封闭、血液凝固等症状，最后甚至会窒息死亡，因此人们就把它叫作“见血封喉树”。别看它这么毒，它可是国家三级保护植物，有非常高的药用价值和经济价值。

见血封喉树分布于我国的

云南南部、广西东部和广东西南部，你可以在中国地图上查一查，看看到底在哪里能够看到这种树木。见血封喉树种群数量稀少，因此在我国是一种很珍贵的树种。从树中提取的成分具有强心、加速心率、增加心血输出量的作用。由于这种成分的药力极强，还可以作为麻醉药的替代品来使用。

见血封喉树的毒液在古代还有特殊的用途呢！在古代，见血封喉树的汁液常被用于战争或者狩猎，人们把这种毒液涂在弓箭上或者刀刃上，野兽和敌人一旦被伤到，很快就会不治而亡。所以，见血封喉树也被称为“箭毒木”。

芝麻告诉你

在听完芝麻我的叙述后，你肯定对见血封喉树有了自己的认识吧，那么，见血封喉树的剧毒有没有解药呢？幸好，还真有，红背竹竿草是此毒的解药，在我国云南西双版纳丛林中就生长着这种植物，南美洲也有少量分布。它们多生长于见血封喉树的周围，形状就像普通的小草，只有当地人可以辨认出来。

现在，我要考考你们：见血封喉树的树皮也有很多妙用，云南的少数民族用树皮制作成很多生活用品，你知道下面哪件物品是用树皮制作的吗？

A. 水桶　B. 筒裙　C. 洗衣板　D. 书架

罗马花椰菜的神奇之处在哪里？

同学们，在日常饮食中，你们都喜欢吃什么样的蔬菜呢？芝麻我一年四季都少不了新鲜的蔬菜，不管是大白菜还是小黄瓜，我都喜欢极了。蔬菜中含有很多营养成分，小朋友们不能挑食，千万不能只吃肉，而不吃蔬菜，均衡营养才能长得又高又健康。那么，你最喜欢吃哪一种蔬菜呢？你是否听说过一种叫作罗马花椰菜的蔬菜呢？

罗马花椰菜，又叫青宝塔，是一种美味的蔬菜，因为是16世纪在意大利被发现的，所以被称作罗马花椰菜。它的外形有点像西蓝花，看上去绿油油的，其口感和平时吃的菜花也没多大区别。但你知道吗？罗马花椰菜是一种神奇的菜品。为了弄明白它的神奇之处，芝麻我买了几棵回来仔细观察，发现它的确非常美，它的花球表面由许多螺旋形的小花

组成，小花以花球中心为对称轴成对排列，而且所有部位都是相似体。它奇特的外表还引起了很多数学家的注意，其规则而独特的外形已经成为著名的几何模型，是够神奇的吧？

罗马花椰菜是在1991年由华中农业大学引进我国种植的。它含有丰富的维生素及矿物质，特别是维生素C的含量很高，不但能够增加人体免疫力，而且还有减肥、抗癌的作用。罗马花椰菜很好吃，它的粗纤维含量少，

质嫩适口，味道清淡，非常容易消化。这些可不是芝麻我瞎说的，这可都是营养学家告诉我的哦。

芝麻告诉你

我们从水果和蔬菜中能够获得大量的维生素，你知道蔬菜中的维生素 C 之王是哪种蔬菜吗？你一定会猜番茄、黄瓜、青椒，的确，这几种蔬菜维生素 C 的含量都很高。但真正能够称王的并不是它们，而是西蓝花，别忘了，西蓝花可是罗马花椰菜的近亲哦。总的来说，花椰菜类蔬菜的维生素 C 含量都很高，其中尤以西蓝花为最，西蓝花中维生素 C 的含量是番茄的 6 倍。芝麻我顺便再告诉你，水果中的维生素 C 之王是猕猴桃哦。

现在，我要考考你们：罗马花椰菜富含维生素 C，每 100g 中的维生素 C 含量是番茄的几倍呢？

A. 1 倍　B. 3 倍　C. 8 倍　D. 20 倍

面包树和面包有什么关系？

芝麻我超爱吃面包，每天的早餐必有面包，无论是玉米面的、全麦的、奶油的，还是甜味的、咸味的、巧克力味的，亦或是中国的、美国的、日本的……全世界各种口味的面包确实吃过了不少，但我最想吃的是一种长在树上的面包。什么？芝麻你是不是在幻想啊，世界上真有这种面包吗？芝麻我告诉你，世界上还真有一种面包树，它们能长着像面包一样的果实，下面跟着我一起到那里去看一看吧。

面包树原产于南太平洋一些岛屿国家和地区，如斐济、波利尼西亚、塔西提等，在巴西、印度、斯里兰卡

等国家和非洲热带地区均有种植，我国的广东省、台湾省等地区也种植有这种树。它是一种常绿乔木，一般高10多米，最高可达40多米，树干粗壮，枝叶茂盛，叶子不仅大，而且很美，一个叶子上有三种颜色。其枝条、树干直至根部都能结果，而且一年内有9个月的结果时间。它的果肉充实、味道香甜、营养丰富，含有大量的淀粉和丰富的维生素A、B族维生素及少量的蛋白质和脂肪。人们从树上摘下成熟的面包果，放在火上烘烤呈黄色时，就可以吃了，味道就像面包一样，松软可口，酸中有甜，故人们把这种树称为“面包树”。

那么，人类是何时开始利用面包树的果实充饥的呢？据史书记载，18世纪中叶时，在英国的殖民地西印度群岛，由于只单一种植甘蔗，造成当地粮食供应紧张，特别是受压迫的黑人生活艰苦，经常闹大饥荒。在1770～1777年间，仅牙买加岛一地，黑人就被饿死了1.5万人。英国殖民者为了缓解黑人的饥饿问题，不得不采取措施改善那里的粮食状况，他们派船去塔西提采集面包树

苗，运回西印度群岛种植，成功地度过了后来的饥荒。

面包树的树干粗大而材质轻软，不仅可作为建筑材料使用，海岛居民还把它的树干做成了独木舟，作为水上交通工具使用。面包树还适合作为行道树、庭院树木栽植，我国南方有些公园种有面包树，北京的某些花园里偶尔也可见到这种树，当然都是用作观赏花木。在春季郊游的时候，同学们可以去植物园中寻找面包树的踪迹，看一看它的样子，闻一闻它的气味，如果是去南方旅游，说不定你还能够尝到烤过的面包果的味道呢！

芝麻告诉你

岛国萨摩亚位于太平洋南部，全境由萨瓦伊岛和乌波卢两个主岛及7个小岛组成，传说中颇为神奇的面包树就生长在这里。萨摩亚风情独特，美丽的风光和悠闲的生活让这里成为了著名的旅游胜地。同时萨摩亚男性身体强壮，因此有人称他们为“世界上最强壮的民族”。

现在，我要考考你们：面包树是一种非常高大的树木，你知道面包树最高能长到多少米吗？

A. 5米　B. 10米　C. 20米　D. 40米

腰果是长在树上的吗？

芝麻我有个小爱好——吃坚果。你一定想说，芝麻你怎么那么馋啊！吃零食可不是一个好习惯。芝麻我这么健康阳光，怎么会随便吃零食呢？我之所以喜欢吃坚果，是因为它能带给我灵感和智慧。这不，我又收到了一个同学提出的问题：腰果很好吃，它是长在树上的吗？

芝麻我告诉你，腰果真的是长在树上的。你一定很好奇，腰果既然长在树上，那么这种果实在树上到底是怎样生长的呢？是像苹果和桃子一样挂在树梢，还是像核桃和栗子一样被一层外皮包裹着？都不是！腰果是芝麻我看到的最奇特的一种果实。这种果实是由两部分组合而成的，上面的一部分像一个小小的梨形，它有一个好听的名字叫作花托，也叫果梨。它的色彩都很鲜艳，有红色的，也有黄色的，这部分肉质肥厚多汁，当地人用来做果

酱和饮料，吃起来味道也很好。在果梨的尾部连接着一个小花生形状的果子，这才是我们平时在超市里见到的腰果。它由两层薄薄的皮包裹着，成熟的腰果颜色就像草莓一样鲜艳可爱。剥开外壳之后，里面的坚果长得很像人体的肾脏，也就是我们俗称的腰子，我想这大概就是腰果名称的缘由吧。这才是人们收获的时候最想得到的东西，因此人们把花托那部分叫作假果。你想不到吧，世界上还有这样结果实的树。

腰果内含有多种维生素和微量元素，其中的镁、硒、锰、铬等微量元素有延缓人体衰老的作用。看到这里，你们明白了吧，芝麻我为什么超爱吃腰果呢？因为我不想变老啊！

严重警告！如果你有过敏的经历，一定要特别小心，因为有些过敏体质的人吃了腰果以后会出现恶心、头晕、打喷嚏、心慌等不良反应，严重的甚至出现窒息或休克。如果你真的特别想吃，不妨先吃一两颗，等上十几分钟看看有没有感到不舒服。如果没有，你就可以大饱口福了。

光顾着说腰果，还要说说腰果树。芝麻我相

信，看过真的腰果树的同学肯定很少，因为它原产于美洲的热带地区，后来才被引进到我国的云南和海南地区。腰果树属于常绿乔木，长得十分高大，大概有十几米高。如果你有机会来到腰果树下，千万别忘乎所以地上树采摘腰果，因为腰果树有毒！它的果皮和种皮都有毒，吃了这些东西，你的肚子会很痛哦。

芝麻我如果有机会去海南，肯定会第一时间去拜访大名鼎鼎的腰果树。

芝麻告诉你

如果你见过树上的腰果，印象最深的恐怕不是那个小小的坚果，而是那个大大的像梨子一样的果托了。这个免费赠送的果托维生素 C 和 B 族维生素含量非常高，可以当水果吃，酸酸甜甜，非常可口。由于它外皮脆弱，不宜运输，当地人除了把它当水果卖掉外，还会用它来酿水果酒。

现在，我要考考你们：腰果是世界四大坚果之一，下面哪种不是世界四大坚果呢？

A. 核桃　B. 栗子　C. 杏仁　D. 榛子

有长得像“石头”的植物吗？

芝麻我捡到了一块石头，对于我来说，它可是一块“问题矿石”。因为有一个同学刚好问了我一个奇怪的问题：“石头”能有生命吗？你肯定会说，石头怎么会有生命呢？芝麻我告诉你，我捡到的“石头”还真是有生命的，它就是——生石花！

为了一探究竟，芝麻我特地对生石花进行了一番研究。它的形状和我们通常见到的卵石差不多，色彩也很丰富，叶片看上去很厚，长得有点夸张，肥厚的两个叶片连在了一起，像小朋友们圆圆的“屁股”，怪不得有人管它叫“屁股花”呢！我想它的叶片里面一定储存了大量的水分，否则这种生活在非洲沙漠里的奇特植物，

怎么会有那么强的耐旱能力呢?

作为沙漠植物，生石花喜欢温暖干燥的环境。在非洲南部和西南非洲的干旱环境中，生石花常常隐藏在岩床的缝隙和砾石堆中，不仔细寻找，你是找不到长得像石头一样的生石花的，这也是为什么人们把它叫作生石花的缘故吧。

想要看到生石花开花可不是件容易的事情。即使是人工种植的生石花，在精心照料之下，也要等上两三年才能开花。而且生石花的花期很短，只有 3 ~ 7 天。它的花有黄、白、粉等颜色，每株一般只开一朵，形状像小菊花，覆盖在石头一样的叶片上。生石花多在每天下午开放，而傍晚的时候它的小花伞就会慢慢闭合，重新恢复到貌不惊人的“石头”模样，次日午后会重新开放，花谢后可结出非常细小的种子。生石花在沙漠中能够抵抗干旱，保持体内的水分，是因为它有个比较神奇的躲避强烈阳光直射的方法，那就是阳光只能通过叶片顶部的“窗户”照进叶子的内部，而且窗户上带有的颜色或花纹可以减轻阳光直射的强度。

你知道生石花最害怕什么吗？怕冷！猜对了吗？当温度在 10℃以下时，生石花就会慢慢进入到休眠状态。这个时候你要是经过它的身边，可要放慢脚步哦。当气温到达 2℃甚至更低的时候，生石花就会被冻伤而慢慢死去。

你是不是很想拥有一朵生石花？不过根据芝麻我的试验，想要种植一朵生石花可是需要满足很多苛刻的条件。温度要保持在 10℃ ~ 30℃，不能被雨淋，不能暴晒，不能生病。最重要的是不能被你们家的宠物猫当玩具玩

儿。要我说，这么美丽的植物还是让它在自己的家园中快乐地生活吧。你说呢？

芝麻告诉你

生石花的天敌可不仅仅是暴雨和寒冷，那些在沙漠地区穿行的饥肠辘辘的食草小动物不会放过身边的一草一木，更何况是枝叶肥厚、水分充足的生石花呢？不过在严酷的生存环境中，生石花会把自己伪装成不能吃的“石头”，从而躲过被吃的命运。

现在，我要考考你们：生石花是一种爱“睡觉”的植物，你知道它的休眠主要和什么因素有关吗？

A. 温度　B. 湿度　C. 光照　D. 天敌

为什么羊齿蕨能够自我复活？

芝麻我曾经在之前的文章里感叹过：我们所生活的地球，经过亿万年的进化和发展，为人类创造了无数的植物种类。尽管在亿万年的进化过程中，许多植物种类都已经灭绝了，但是神奇的大自然还是为我们保留了大约 33 万种以上的植物，其中包括一些匪夷所思的植物，比如说能够跳舞的草、会吃虫子的草、世界上最大的花朵，还有果实像面包的面包树，等等。下面让我们一同来看

看另外一种神奇的植物吧！它的名字叫作羊齿蕨。它为什么会被人称作神奇的植物呢？因为它是一种能自我复活的植物！

羊齿蕨看上去与普通蕨类没什么区别，但它们却是世界上最耐干旱的植物之一，而且它们在遭遇严重干旱时会假死。每当干旱来临时，羊齿蕨就会蜷缩成球状，叶片发黄，看上去跟枯草完全一样。但令人惊奇的是，一旦它们接触到水分，叶片就会立即舒展开来，就像“起死回生”了一样，表现出旺盛的生命力。据说，羊齿蕨在完全缺水的情况下可以存活很多年！是不是很神奇呢？这种能够自我复活的羊齿蕨在地球上已经存活了

几亿年，当初地球气候温暖、湿润，蕨类是地球上长得最高的树种之一，它们最高可达 30 米。后来由于气候日趋干旱、变冷，蕨类植物为适应环境逐渐进化，羊齿蕨才变成了现在的形态。

既然羊齿蕨有自我复活的神奇能力，那么人吃了羊齿蕨是不是也会永葆青春呢？估计有芝麻我这种想法的人不在少数。但是据科学家研究，羊齿蕨可能含有一种毒素，是一种致癌物质。日本人喜欢把羊齿蕨当作美味蔬菜食用，但却有不少人患上了喉癌，也许就与食用羊齿蕨有关。另外，把羊齿蕨当作饲料喂养动物也会致癌，最常见的是膀胱癌和肠癌。所以，羊齿蕨虽然美味，但是在没弄清楚它的害处之前，还是不吃为妙。

羊齿蕨虽然不能食用，但却可以养植，它们的叶子颜色浓绿，有很强的观赏性，而且它们很好养哦。

羊齿蕨这种植物很神奇，而且它们的名字很特别，你知道它们为什么叫羊齿蕨吗？是不是因为羊喜欢吃它们呢？不是的。而是因为它们的叶片很像羊的牙齿，所以人们把它们叫作羊齿蕨。嘻嘻，你想到了吗？

现在，我要考考你们：羊齿蕨属于蕨类植物，蕨类植物是个大家族，你知道它们大约有多少种吗？

A. 100 种　B. 1100 种　C. 12000 种　D. 50000 种

世界未解之谜

传说中的神秘野人到底长什么样？

地球上的生命是起源于黏土吗？

外星人真的存在吗？

传说中的神秘野人到底长什么样?

芝麻我小时候最喜欢看动画片了。在一些动画片中，茂密的森林和其他复杂生态环境中会时常有野人出没，这些野人的长相形似人类，但是又像某种动物，它们吃生肉、喝大自然未经处理的河水，出没在森林的深处。芝麻我长大以后就经常在想：传说中的神秘野人到底是什么样子的呢？有没有科学家对它们做过研究呢？经过我的调查，传说中的神秘野人的真面目才渐渐地浮出水面。

1976年，有目击者在湖北省神农架林区发现了一批奇异动物，它们浑身长着红毛，脸是麻色的，脚毛发黑，腿又粗又长，脚掌是软的，走路无声音，屁股肥大，行动迟缓，眼睛很像人类的眼睛，脸长且上宽下窄像马的脑壳，嘴巴略突出，耳朵比人类的耳朵更大，没有尾巴，身高大约五尺，体重在100千克左右。不只是在中国，在美国的加利福尼亚州北部的兰湾山区，一群美国科学家也曾经发现过野人的存在。而且更加神奇的是，有些野人是有尾巴的。同学们根据芝麻我的描述，能够想象得出野人的样子了吧！找张空白的画纸，拿出你的画笔，画出一个你想象中的野人吧！

至今为止，那些所发现的“野人”都是人们口口相传，并没有具体的照片或影像，这也是野人的神秘之处。但是也有些人不相信有野人存在，他们认为没有任何可靠的影像或实体证据，“野人”只是个别人的错觉。这也就是为什么我们说野人是传说

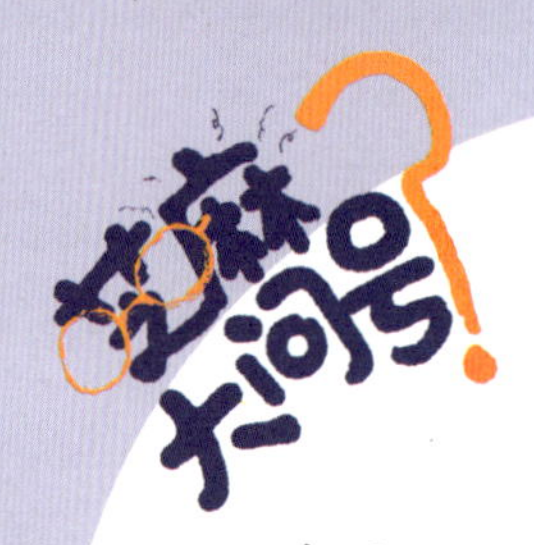

中的而不是现实中的。因为从来没有人发现过“野人”的尸体、骨骸和化石，在生物学上缺乏证据。有生态学家认为，种族的繁衍需要足够数量的个体，但间接证据可以表明该动物数量不多，不足以维持种族的繁衍，因而可以认为“野人”是不存在的。有人认为“野人”作为一种高等灵长目动物可能在历史上存在了一段时间，但由于人类活动范围的扩张，它们的栖息地被缩减，导致该物种已经灭绝了。

关于野人的传说不绝于耳，总是有来自原始森林地区的居民们隐约地提起一些关于野人的故事，而这些故事的真实性还没有一个确切的定论。也许，在茫茫的原始森林里，那里真的有一些形似人类但却是动物的野人群居生活；又或者那里并没有野人，只是人们对大森林深处世界的一种猜测和想象。不管如何，我们都会继续关注传说中的野人的，看看究竟这个世界上是否真的存在野人。

位于湖北省西北部、毗邻重庆市的神农架林海茫茫、层峦叠嶂，是一个海拔 3000 米的高地。它是当今世界中纬度地区唯一保持完好的亚热带森林生态系统，所以它也是现阶段生物以及植物多样性保持最好的地区之一。这里独特的自然条件和丰富的森林资源为野人的存在创造了有利条件，也许这里的村民发现的神秘“野人”就是在那林海中出没的，以森林资源为生存依靠的一群不明生物。

现在，我要考考你们：为什么野人没有得到最终的证实？

A. 因为没有野人的照片

B. 因为没有野人存在的影像记录

C. 因为考古学家和动物科学家们找不到野人残留的骨头或化石

D. 因为山林深深，我们没有找到它们的洞穴

地球上的生命是起源于黏土吗？

蔚蓝色的地球母亲，给予我们山川湖泊、矿物宝藏、空气养分、雨露瑞雪，正是由于地球母亲平衡的生态系统，我们人类才能在这片土地上生存和发展。那么，蔚蓝色的地球到底是由什么发展而来的呢？地球上的生命是起源于黏土吗？经过仔细研究，芝麻我发现这里面有很大的学问，和我一起来看看吧。

先来说说我们的地球。地球大约形成于45亿多年前，这颗岩石行星最初只是漂浮在太空里的尘埃，这些尘埃源自于巨大的古老恒星在寿命终止时的大爆炸。地球自形成以来可以划分为5个“代”、若干“纪”，不同地质年代的地球有不同的特征。距今25亿年以前的太古代，地球表面已经形成了原始的岩石圈、水圈和大气圈。距今6亿年～24亿年的元古代，海洋中出现了几千种动物，海洋无脊椎动物空前繁盛。距今2.5亿年～6亿年的古生代，相继出现低等鱼类、古两栖类和古爬行类动物。距今0.7亿年～2.5亿年的中生代，历时约1.8亿年，这是爬行动物的时代，恐龙曾经称霸一时，这时也出现了原始的哺乳动物和鸟类。新生代是地球历史上最新的一个阶段，时间最短，距今只有7000万年左右。这时，地球的面貌已同今天的状况基本相似了。

为什么会有人认为地球上的生命是起源于黏土呢？在我们中国，有女娲用黏土造人的传说；在希腊神话中，也有普罗米修斯想唤醒埋藏于泥土之中的人类生命的种子，于是他从河岸抓起大团泥土，然后根据神的形象捏出人类的传说；在《圣经》中，也说到了上帝先造出了大地和天空，然后才有了人类和牛羊，其中，上帝也是用黏土制造了第一个人——亚当。

那些支持地球生命起源于黏土的科学家认为：根据最新的研究成果，在早期的地质史上，黏土在海水中形成了一种叫作水凝胶的物质，它的吸附能力可以对生物分子和生物化学反应起到约束作用。黏土水凝胶不但能像海绵一样吸收液体，而且还可以彼此反应形成蛋白质、DNA，最终为活细胞提供一个完美的地方，之后才有了人类和各种动物。芝麻我打个形象比喻：一块液体的橡皮泥可以把所有的东西黏到一起并经过一系列的变化，最终促成细胞的诞生。

在如此漫长的地质演化过程中，生物体是如何从最原始的状态演变成现在的样子，至今还是个未解之谜。

其中最关键的问题是，如果我们认为黏土水凝胶可以形成无细胞蛋白质，那么它的原因又是什么呢？

尽管科学家们对生命的起源还有很多假设，甚至这个认为地球上的生命起源于黏土的假设也还没有得到确认。但是这并不妨碍人类探索那个古老的命题：我们从哪里来，要到哪里去。同学们，科学上的这些未解之谜都需要你们发挥自己的聪明才智，去探索，去寻找！

芝麻告诉你

我们和其他生活在地球上的动物一样，选择了 DNA 作为保存生命信息和遗传物质的载体。DNA 的中文名叫脱氧核糖核酸，是组成基因的材料，也是染色体的重要组成成分。它最重要的功能就是储存生命遗传信息，也就是说你的祖先的基因都是通过它传递到你的身上的。这就是你为什么长得像你的父母的原因。

现在，我要考考你们：与现代地球上的地理环境基本相似的地质时代是哪个？

A. 古生代　B. 中生代　C. 新生代　D. 晚古生代

百慕大三角为什么会让船舶突然失踪？

许多年来，百慕大三角之谜一直就困扰着人们，芝麻我小时候就知道世界上有这样一个神秘的区域，长大以后还是经常听到人们提起那里，关于它们的话语中除了神秘，就是恐怖！那么，在那里究竟都发生了些什么事情呢？

百慕大三角是指北起百慕大群岛，西到美国佛罗里达州的迈阿密，南至波多黎各，如果用直线把这三个地方连起来，那么恰好形成了一个近似等边三角形的海域，许多奇怪的事、恐怖的事、神秘的事、让人无法解释的事就都曾经发生在这片三角形的海域里。

下面芝麻我就给你们讲一件最离奇的事件吧。1981年8月，有一艘名叫海风号的英国游船在百慕大三角区航行时突然失踪，船上的6人更是不知去向。当时人们都认为这艘游船肯定遭遇了百慕大三角海难，人们渐渐地把这起海难淡忘了。谁知8年之后的1989年，这艘船又在当初消失的百慕大海域奇迹般地出现了。更令人惊讶的是，船上的6人居然安然无恙。他们神智清醒，只是不知道这8年间都发生了什么事情，用他们自己的话讲，感觉只是过了一小会儿，在船上并没有做什么。

怎么样，这件事足以让听到的人感到毛骨悚然了吧？在这不算短的8年中，这艘船究竟去了哪里？是谁供给他们吃喝，使他们维持了生命？又是谁抹去了这8年在他们头脑中留下的记忆？船上的人不能回答，别人就更无法回答了。

这样的海难以及空难在百慕大三角地区发生了许多次，只是大多数当事的船只或飞机都是没有任何线索地失踪了。人们根据发现异常而后又安全返航的人员的口述，对百慕大三角的秘密做出了许多种猜测，比较有代表性的有：磁场说、黑洞说、次声说、水桥说、晴空湍流说、可燃冰说、平行时空说等，不一而足。尽管这些

说法都有一定的道理，但无论哪种说法都无法完美地、令人信服地解释已经发生的种种离奇事件。可以说，百慕大三角之谜至今仍然无解。

其实，何止百慕大三角，大到宇宙、小到人体、微小到纳米，还有千千万万个难以解释的现象，芝麻我私下认为，人类的科技史就是一部解谜史。嘻嘻，如果有机会，芝麻我一定也去解几个谜！

你知道吗？在日本附近，也有一个类似百慕大三角的海域，它就是日本龙三角。在这片海域同样发生了多次无法解释的海难。而不知是必然还是巧合，这个区域也呈三角形。目前，百慕大三角和日本龙三角是世界两大最神秘的海域。

现在，我要考考你们：百慕大三角海域由于多发海难和空难，所以它还有一个别名，你知道是什么吗？

A. 幽灵三角区　　B. 多难三角区

C. 迷幻三角区　　D. 魔鬼三角区

外星人真的存在吗?

不管是在国外还是国内，都在流传着外星人的传说。相传外星人是一种类似人类的生物，他们坐着UFO来到地球，探勘地球上的资源，现在全世界范围内已经有不少人声称自己见到过外星人乘坐的UFO。那么，外星人是指来自哪里的人？外星人究竟长什么样子？到底有没有外星人？类似这样的问题同学们肯定经常讨论吧。也许你认为在浩瀚的宇宙中确实有一个星球上生活着一群外星人，他们有着比我们更加先进的科技和大脑，他们有时会驾驶着UFO悄悄地来到地球上探索发现。又或者，你认为根本就没有外星人的存在，那些模样好像UFO的照片都是人们在某种自然条件下拍摄出来的有问题的照片。不管你是如何想象的，外星人是否存在确实是一个热点的问题。

关于外星人有很多说法。有的人认为：外星人大多是一些个子矮小、脑袋圆大、嘴巴窄长如裂缝、身穿紧身衣的类人生物。也有学者提出：人类是外星人的后裔，或人类中一些民族（如玛雅人）是外星人与地球人的后裔，等等。但这些都没有足够的证据证实，只能作为猜测和假说。我们看到的很多关于外星人的电影都是人们的假想，多是以人类的外形来设计的。

除此之外，关于外星人是否存在还有很多假设，比如有人类始祖说、四维空间说、未来生命说等。人类也没有放弃与外星人联系的努力，一直在培养专门的人才来完成探索地外生命的征程。这个工作从 20 世纪 50 年代就已经开始了。如果发现地外文明和外星人的存在，而且外星人的科技水平和我们差不多，我们之间就可以互相交流了。

同学们，听完芝麻我的描述，你更赞成哪一方的观点呢？你认为外星人真的存在吗？如果存在，你认为外星人长得是什么样子呢？告诉你的好朋友吧，和他们一起建立一个兴趣小组，共同来探讨外星人是否存在的问题吧！

芝麻告诉你

人类对宇宙空间的探索一直没有停止过，人们一直想要在外太空找到一丝生命的迹象，希望与之交流沟通、互惠互利。但是，物理学家霍金却说："我想，外星人存在的可能性很大，他们中有的已将本星球上的资源消耗殆尽，可能生活在巨大的太空船上，这些高级外星人可能成为游牧民族，企图征服并向所有他们可以到达的星球殖民。鉴于外星人可能将地球资源洗劫一空然后扬长而去，人类主动寻求与他们接触有些太冒险。"

现在，我要考考你们：根据霍金的说法，外星人来地球最可能是想来做什么？请从下面的答案中挑选最合适的。

A. 争霸地球　B. 掠夺资源　C. 军事探查　D. 旅游

科技超炫酷

纸真的能包住火吗？

宇宙中真的存在罕见的双黑洞系统吗？

半小时就能收到快递，可能实现吗？

机器人医生能进入人体给人看病吗？

一说去医院，你是不是就有点害怕，尤其是护士阿姨拿出针头的那一瞬间，你是不是特别想赶紧逃回家？那现在芝麻我问你一个问题，请问，你喜欢变形金刚吗？你喜欢机械战警吗？如果你去医院看病能看到他们，是不是就不害怕啦？其实，芝麻我要告诉你的是，医院里真的有机器人医生哦！

机器人医生又叫医用机器人，它们在有些医院里起了很大的作用。目前有的医院已经引进了它们，只不过现在大多数医用机器人干的都是粗活，比如搬运。但人们并不满足机器人只是干粗活，人们希望它们能承担更加精细的工作，并且正在朝着这个方向努力。下面芝麻我就给你们介绍几款还在设计中的能够进入人体为人治病的微型机器人。

爬行相机胶囊——这款机器人的外形像胶囊，由意大利比萨圣安娜高等学校 CRIM 实验室开发设计，可以利用其具有弹性的“腿”，爬进患者的消化道。它带有一部微型相机，能替代传统内腔镜起到诊断作用。将它置于患者消化道内，可以检查出食道、胃和十二指肠内部的损伤或溃疡情况。传统胃窥镜通过食道伸进患者胃部，会使患者感到十分痛苦，而这个爬行相机胶囊则免去了这一过程。

机器人摄影师——在微创手术中，医生往往难以很好地把握相机的机位。这种机器人摄影师可以让外科医生通过头和脚的运动，来控制所使用的腹腔镜相机。也就是说，有了这种机器人的帮助，他们就能能腾出手来实际执行手术，真是太方便了！

口服机器人——外科手术时，医生在人体外表动刀，是再普通不过的。而有了这款口服机器人，也就是“可重构装配腔内手术系统”，患者只需将机器人一块块地吞服进肚子里，或由医生通过人体自然的孔道将机器人一块块插进身体后，让机器人自己在人体内自行组装。一般来说，患者将吞服下 15 块机器人块，随后这些机器人块会按照设定好的路线，滑到有病的地方，在人体内部进行手术，从而让病人不用再担心身体会留下疤痕。真是太神奇了！

机器人结肠镜——这种机器人的工作地点是人体蜿蜒的结肠。它利用一系列咬口和扩展器拉动自己在肠道内移动，不需要医生像推动普通结肠镜那样把它推进去。它对肠壁造成的影响将会很小，同时也能减轻患者的不适感。据说它的发明，是受到蜈蚣蠕动的启发呢。

除此以外，可以用于减轻病人痛苦、帮助医生顺利完成工作的医用机器人还有很多种呢。怎么样，机器人医生很神奇吧！目前，它们正在逐步走进医院上岗工作，从大到小，从身体外，到进入身体内部，机器人医生将会全方位地为人类服务。不久的将来，我们再去医院看病的时候，可能真

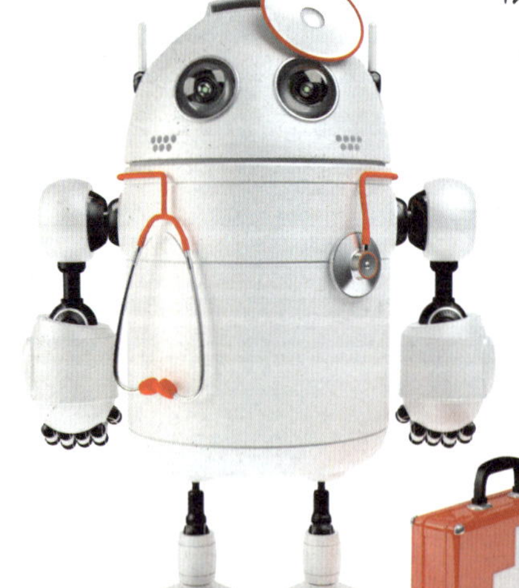

的会看到给你看病的医生、为你打针的护士是变形金刚哦！到时候，你信得过它们吗？

芝麻告诉你

除了上面介绍的机器人，还有一些机器人医生也在研发中，比如远程诊断机器人、肌肉机器人、采血机器人等。

机器人医生是科技进步的产物，科学家对这方面的研究还在进行中，也许在不久的将来，我们就能亲自感受到这种高科技带给我们的全新体验。

现在，我要考考你们：对“机器人医生进入人体看病”的说法，下列哪一项的解释是错误的？

A. 进入人体看病的机器人医生都很小巧

B. 爬行相机胶囊的外形像胶囊，由小型螺旋桨驱动，它能自己“游动”着检查需要关注的区域

C. 一般来说，患者将吞服下一些口服机器人块，口服机器人在人体内做手术，让人不用再担心身体会留下疤痕

纸真的能包住火吗？

造纸术是中国古代的四大发明之一，凝聚着我国古代劳动人民的智慧，经过东汉时期蔡伦的改进，成为了中华民族对世界文明的杰出贡献之一，距今已经有快2000年的历史了。芝麻我现在要问你们一个有趣问题：纸的“天敌”是什么呢？你想到了吧，当然是火啊。纸遇到火，一下子就燃烧起来了，不一会儿就变成了灰烬。俗话说得好：纸包不住火！这本来就是生活常识，因为造纸的原料几乎都是纤维物质，比如木材、稻草等，而它们的主要成分都是可燃性的碳氢化合物，当然就很容

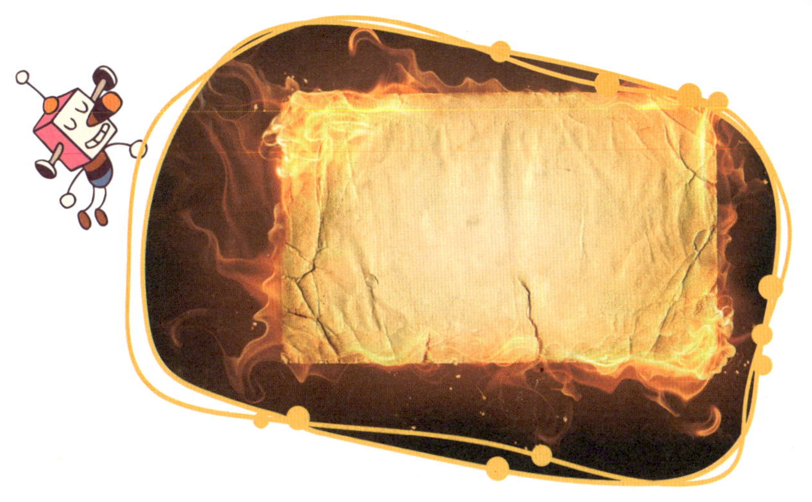

易燃烧啦！

可是，科学技术的发展日新月异，如果今天我们还说“纸包不住火”是真理，那就会让人笑话的。芝麻我可以特别肯定地告诉你们，经过科学家们的努力，“纸包住火”现在成为可能啦！

2014 年 2 月，中国科学院上海硅酸盐研究所展示了他们研究出的一种“耐火纸”。这种纸的颜色是柔和的乳白色，制作原理跟普通纸张没什么两样，如果不用手来触摸、不用火来烧，也不大能分辨出来它们和普通纸张的区别，但制作材料却完全不同——这种纸是由羟基磷灰石纳米材料制造的。

平时我们使用的纸，都是以木材、稻草等植物纤维为原料，再加入一些添加剂和漂白剂制造出来的，除了容易燃烧以外，在阳光照射下或长时间地放置在空气中，也会逐渐变黄或变灰，上面的字迹也会渐渐变得模糊甚至看不见了，如果放置更长的时间，就会被腐蚀、降解，它就“灰飞烟灭”了。可“耐火纸”就不会发生这种事情，1000℃以上高温都拿它没有办法。用普通的火来烧，当然更是奈何不了它了。

说到这里，肯定会有同学忍不住要问，羟基磷灰石究竟是什么东西，它咋就这么厉害呢?

羟基磷灰石是一种天然矿物质，是构成动物的脊椎骨、牙齿的主要成分，它本身就是纯度较高的白色物质，所以用它做出来的纸既耐火又白，而且即使长久放置也不容易变色。这样，有些重要文字、文件和档案等使用它记录就可以长期保存了，比如我们这本书，放几十年、几百年还能保持文字清晰、图片鲜艳也有可能哦。同时，这种纸还能作为从废水中有效去除有机污染物的可再生吸附剂、药物控释载体、骨缺损修复材料、医用纸、阻燃材料和耐高温材料等。

说到这里，你们肯定要问芝麻我，既然“耐火纸”有很多很多的优点，那我们怎么没有看到用它做的纸呢?原来啊，它才刚刚被发明出来，还有很多的地方需要改进。不过，芝麻我相信，这么好的新材料，不久的将来肯定会实现大规模生产和使用的，那么我们人类就可以减少对传统纸张的依赖，更好地保护森林资源，还能在一定程度上减少对环境的污染呢。

芝麻告诉你

节约用纸，是保护地球资源的一个好办法，但是，我们应该怎样做呢？芝麻我给你们几点建议：

1. 读书要保护课本，循环使用，延长它们的使用寿命。

2. 写作业要认真，减少错误就可以减少纸的浪费；作业本最好用完才换新的，新学期旧本子还没有用完，也可以把没用过的页装订起来做草稿纸，还有考试试卷的背面可以用来做草稿纸。

3. 节约使用练习本，不要随便扔掉白纸，充分利用纸的空白处。

4. 绘画可以用普通纸打草稿，因为图画纸的生产比普通纸对环境的污染更厉害。

5. 把废书报、废纸等集中回收再利用做造纸原料，不仅可以保护森林，还能节约原料，减轻造纸产生的污水、废气和固体废弃物对环境的污染。

6. 减少不必要的用纸，如擦玻璃尽量不用纸，可以用湿抹布交替擦；尽量不要用餐巾纸等一次性制品；充分利用“废旧”纸张，旧挂历可以用来包书皮。

7. 减少送贺卡，就是拯救森林，每制作 4000 个贺卡就要砍掉一棵大树，大量砍伐树木会破坏环境。

8. 积极宣传使用再生纸及再生纸制品，还要多种树，保护大自然。

现在我要考考你们：在我国历史上的五代十国时期，南唐后主李煜有一种视为珍宝的纸，它的名字叫什么？

A. 澄心堂纸　B. 白虎堂纸　C. 金玉堂纸　D. 清澈堂纸

“玉兔号”在月球上干什么呢?

小时候，芝麻我可听了很多和“嫦娥”“玉兔”有关的故事，每次听完，我都会问，他们真在月亮上吗?我怎么看不到?现在，我终于可以骄傲地说，我看到嫦娥啦，我也看到玉兔啦！他们真在月亮上！我不是在做梦！哈哈，别误会，我说的是人类探月高科技产品——月球车！

其实，芝麻我说的“嫦娥”和“玉兔”是指“嫦娥三号”航天器和“玉兔号”月球探测器，“玉兔号”还有自己的微博(@月球车玉兔)，它自称是个男孩子，而带它来到月球的“嫦娥三号”，就是它的三姐啦！万

里迢迢来到月球，没有地球上的师傅们在身边，你知道小兔子的任务到底是怎么完成的呢？

尽管小兔子在月亮上，我们暂时见不到，但是通过北京航天研究中心提供的资料可知，“玉兔号”月球车是一个重约 140 千克的大型智能工具，它不是大家想象的小兔子的样子，而是呈长方形盒状，周身金光闪闪的，有 6 个轮子，身体里包括移动、导航控制、电源、热控等 8 个分系统。航天专家用 4 句话来形容它：“肩插‘太阳翼’，脚踩‘风火轮’，身披‘黄金甲’，腹中‘秘器’多。”这些复杂而高级的设备，可都是“玉兔号”在工作中必不可少的武器。

月球的重力是地球的六分之一，而且表面土壤非常松软、凹凸不平，有石块和大大小小的陨石坑，甚至还有陡峭的高坡。在这种环境中，为了保证“玉兔号”既不打滑也不翻车，航天专家给它装了6个轮子，并且尽可能减轻总重量。这些轮子被设计成有很大的接触面积，而且摩擦系数较大，所以当“玉兔号”在月球表面行驶时，既不会陷进去，也不容易跑偏。“玉兔号”月球车与地球上的普通汽车不同，它的动力不可能通过汽油或者普通电池提供，所以完全来自于环保的太阳能。使用太阳能的好处特别多，不但非常方便、不用携带笨重的燃料系统，还可以一边工作一边充电，什么事都不耽误。

“玉兔号”主要有三种工作模式：行走、探测和通信。它会在月球上独自行走，用自身装备的全景相机对周围的环境进行认真的分析，并根据自己所获得的环境信息，设计安全的行驶路线。它还会用先进的测月雷达探测月球的土壤成分，把数据传给地球上的科学家。至于通信，那就更频繁了，它的一举一动都要靠地球指挥中心来控制，碰到了机械故障，也要由地球上的科学家控制进行修理。

最可爱的是，“玉兔号”这个萌萌的小男生，也跟所有正在读书的你们一样，白天工作、晚上睡觉。为了保证经过漫漫长夜后，科学家能立即叫醒它开始工作，“玉兔号”还携带了一床御寒的“被子”和一个叫它起床工作的“闹钟”，承担这两项功能的就是“玉兔号”

供电系统的太阳翼。晚上，太阳翼被合上，“玉兔号”就好像睡在了被子里；等第二天太阳逐渐升起的时候，太阳翼自动被打开，这时候“玉兔号”就会被唤醒，然后开始一天的工作。

咦？你是想问，如果“玉兔号”赖床怎么办吗？芝麻我告诉你，当然不会啦，地球上的科学家可是时时刻刻都在盯着并控制着它，勤劳的小兔子从月球上给我们带回来了很多连科学家都想知道的秘密。

芝麻告诉你

目前，世界上成功发射并运行的月球车总共有 6 辆。其中三辆是无人驾驶的月球车，分别是苏联在 20 世纪 70 年代发射的“月球车”1 号、“月球车”2 号和中国的第一辆月球车“玉兔号”；另外 3 辆是有人驾驶的月球车，分别由美国“阿波罗”15 号、“阿波罗”16 号和“阿波罗”17 号登月时携带到了月球上。

现在，我要考考你们：你知道中国的首辆月球车“玉兔号”的名字是怎么来的吗？

A. 航天专家起的

B. 国家规定的

C. 专业人员设计的

D. 经过全球征名和大众网络投票得来的

你知道无线电时代的世外桃源在哪里吗？

早上醒来，芝麻我揉揉眼睛，还没顾得上看今天的天气如何，就赶紧拿起枕边的手机，看看昨晚有没有没看到的信息，以及一夜之间全世界的各种新闻。等等，怎么手机没信号啦？网也连不上了！赶紧翻身起床开电脑，哼哼，虽然麻烦点，电脑也能看新闻嘛。什么！电脑连不上网？崩溃，还好我还有绝招——开广播！好不容易从床头柜里把收音机搜出来，不会吧！怎么什么台也收不到啊？这时候，突然传来一个沉沉的声音："对不起，您的无线电用品已经全部失灵！""不要啊！"随着一声大喊，芝麻我终于吓醒了——原来，是一场噩梦啊！还好只是虚惊一场。可是，芝麻我的一大特点就是爱思考，我很想问大家一个问题：每天早上睁开眼睛做的第一件事是什么？估计很多大人的答案会是——看手机！

当今世界，手机和无线互联网已经十分普及了，而在更早的时候，无线电广播和电视就已经在全世界范围内广泛应用了。在我们看不见的空间里，各种无线电波穿梭交织、永不停歇。如果有人能看到这些无线电波，那肯定会惊讶得张大嘴巴，它就像一层层巨大的蜘蛛网布满我们的周围。想想虽然可怕，但如果现在突然没有了广播、电视、互联网，甚至没有了手机，那世界将是什么样子？肯定比芝麻我的噩梦更可怕！

其实，在以前没有发明这些电子设备的时候，人们过得也很快乐。可是真的有了这些东西，又享受到了它们带来的巨大的便利和快乐的体验之后，这些东西一夜之间又突然没有了，人们肯定会感到非常不习惯。芝麻我的噩梦就是最好的例子。

但今天芝麻我要告诉你的是，在当今世界上科技最发达的美国还存有这样一片净土——无线电静默区，它就是位于西弗吉尼亚州的绿岸小镇及其周边的地区，这里是无线电时代的世外桃源。

绿岸小镇位于13000平方英里的美国无线电静默区的中心，镇上居民不足200人，这里没有收音机、电视机、手机、蓝牙，也没有无线网络。那美国为什么会在这里设立无线电静默区呢？其实原因只有一个，那就是绿岸有世界上最大的可控射电望远镜，科学家们在此对发射进入太空的卫星进行研究。为了让望远镜无干扰地工作，绿岸小镇把使用任何电子传输设备都认定为非法，警察在街上巡逻的任务就是搜索无线信号，只有诸如现场急救等紧急情况才允许使用无线电，因此这里只有一个投币式电话。

虽然没有电气设备使镇上居民的现代生活大打折扣，但也让人们远离了高科技的纷扰。许多饱受电磁波过敏症之苦的人蜂拥来到此地，虽然这种病症还未得到医学界的认定，但他们认为电气设备产生的电磁波是导致恶心、出现过敏症状的真凶，只有绿岸才是他们可以保持健康的唯一地方。

美国开辟这样一片无线电静默区原本是为射电望远镜创造一个不受干扰的工作环境，但没想到的是，反而为一些对电磁波过敏的人开辟了一片乐土，真可谓无心插柳啊。如果给你一个假期，你会选择到这里来“躲清静”吗？

芝麻告诉你

电磁波传播理论最早是由经典电磁理论创始人詹姆斯·克拉克·麦克斯韦提出的，他在物理学上的成就可以与牛顿齐名，被普遍认为是对二十世纪最有影响力的十九世纪物理学家，没有电磁学就没有现代电工学，也就不可能有现代文明。

1906 年圣诞前夜，雷吉纳德·菲森登在美国马萨诸塞州实现了人类历史上首次无线电广播，播出的内容是他自己用小提琴演奏的《平安夜》和朗诵《圣经》片段。在 1922 年，位于英格兰切尔姆斯福德的马可尼研究中心开播了世界上第一个定期播出的无线电广播娱乐节目。以上提到的科学家或研究机构无疑都对无线电的发展做出了重要贡献，但究竟是谁发明了无线电，学术界还存在争议。

现在，我要考考你们：你知道以下哪种通信不属于无线电吗？

A. 手机通信　B. 卫星电视　C. 有线电话　D. 调频广播

宇宙中真的存在罕见的双黑洞系统吗？

黑洞，光都无法穿透的黑洞，它是那么神秘，那么让人畏惧。离我们最近的黑洞在哪？黑洞的背面是什么？这些常规的问题好像已经很难吊起大家的胃口，那今天芝麻我要问问大家啦，黑洞既然这么厉害，那如果两个黑洞碰到一起，会怎么样呢？什么，不可能？黑洞可是谁都不愿意接近的，包括它们自己。但是，我要告诉大家，两个黑洞碰到一起，这件事是真的！那它们之间到底会发生什么？是一个把另一个“吞”掉了吗？接下来，芝麻我就为你讲述发生在两个黑洞之间的真实故事……

据报道，美国宇航局的天文学家们利用广域红外望远镜观察到了两个相互缠绕的双黑洞系统，他们发现在一个遥远星系的核心似乎存在着两个超大质量的黑洞，

这两个黑洞正相互绕转，就像一对舞者在翩翩起舞！

等等，这是黑洞啊，让所有天体都望而生畏的黑洞啊！翩翩起舞？两个黑洞相遇，有这么浪漫吗？换句话说，宇宙中真的有这样的双黑洞系统吗？是不是美国科学家看错了？其实他们自己也不是没有怀疑，随后又利用“澳大利亚望远镜致密阵列（ATCA）”以及设在智利境内的南双子望远镜进行了后续观测，并且观察到了更多有关这一星系不同寻常的特征。其中有一条看上去非常不均匀也不稳定的喷流引起了科学家们的特别注意，他们估计这可能是来自其中一个黑洞的喷流，但它受到了另一个黑洞强大引力的影响，所以显得很不稳定。科学家们认为，如果情况的确如此的话，那么就意味着这两个黑洞之间的距离相当接近，它们正在跳着死亡之舞，通往不可避免的碰撞之路。

目前，双黑洞系统还在太空中跳着凄美的双人舞，地球上的科学家们正密切关注着它们的动向，也许，在将来的某一时间，对这样一个罕见的双黑洞系统的观察和研究可以帮助我们解答很多宇宙的未解之谜呢。

芝麻告诉你

黑洞是现代广义相对论所预言的，在宇宙空间中存在的一种超高密度天体。质量足够大的恒星在核聚变反应的燃料耗尽而“死亡”后，发生引力坍缩就会产生黑洞。黑洞的质量极其巨大，而体积却十分微小，它产生的引力场极为强劲，以至于任何物质和辐射在进入到黑洞的一个事件视界（临界点）内，便再无力逃脱，就连传播速度最快的光（电磁波）也逃逸不出。

现在，我要考考你们：“黑洞”为什么被称为“黑洞”？

A. 因为黑洞里没有光，漆黑一片
B. 因为黑洞里非常恐怖
C. 因为黑洞的引力非常大，连光都逃不出去
D. 因为黑洞里只有黑色的岩石

半小时就能收到快递，可能实现吗？

目前，网购已经进入了许多人的生活，芝麻我就经常网购，你看，轻点鼠标下单、轻点鼠标付款、快递送货上门，省去了去商场购物的麻烦，何其潇洒。但你知道吗？目前最快的网购，从下单到收到货也要半天到一天时间。如果你中午的时候忽然想起下午要去滑冰，想要买一双冰鞋，恐怕再快也要第二天上午才能收到货。你是不是觉得有点晚了呢？也许你觉得并不晚，但敬业的商家却觉得这太迟了。

某电商大鳄正准备进行无人机快递服务的实地测试，据称在不到半个小时内就能将货物送到客户手上。芝麻我想象一下就兴奋，你正在家里看电视，有电话告诉你有快件到了，通知你到阳台接货，你打开窗户，从窗外的无人机上取下货物并签收，然后目视无人机远去。从下单到签收，前后居然不到半小时，你是否觉得这听起来好像神话一样呢？但这并不是神话，有专家预测，这样的送货方式在四五年内就能在美国实现，只是这样的计划还必须得到美国联邦航空管理局的批准。

无人机的飞行是由卫星导航控制的，它不同于此前的航模。目前，各国都在大力研究的无人机主要用于军事和情报方面，但其实它的民用前景也是非常广阔的，刚才说的用无人机投递快件的设想只是其中的一种，其他的用途还有许多。比如无人机可以用于监测气象，它可以飞到风暴的中心，对风暴的发展进行详细的检测；小型无人机可以用于景观调查，通过拍摄大量的数码图片来合成三维地图；农民可以用无人机搜索并管理远处的农作物；矿业公司可以用无人机对矿区生产和安全情况进行监测；在节假日的时候，市政部门可以用无人机

监测旅游景点和商业区的人群规模。

芝麻我觉得，无人机的非军事用途还远不止上述几种，大力开发无人机有广阔的市场前景。也许不久的将来，像大蜻蜓似的无人机会有条不紊地在空中飞来飞去，为人类提供各种服务。芝麻我好期待啊！

芝麻告诉你

无人机，顾名思义就是无人驾驶的飞机，这是一种利用无线电遥控设备和自备的程序控制装置操纵的不载人飞机。机上无驾驶舱，但安装有自动驾驶仪、程序控制装置等设备。地面、舰艇上或母机遥控站的工作人员可通过雷达等设备，对其进行跟踪、定位、遥控、遥测和数字传输。利用无线电遥控可使其像普通飞机一样起飞或用助推火箭将其发射升空，也可由母机带到空中投放飞行。回收时，可用与普通飞机着陆过程一样的方式让其自动着陆，也可通过遥控用降落伞或拦网的方式进行回收。

现在，我要考考你们：目前，最先进的无人机是靠什么进行导航的？

A. 机场上的指挥人员　　B. 事先设置的程序

C. 卫星　　D. 没有导航，飞到哪算哪

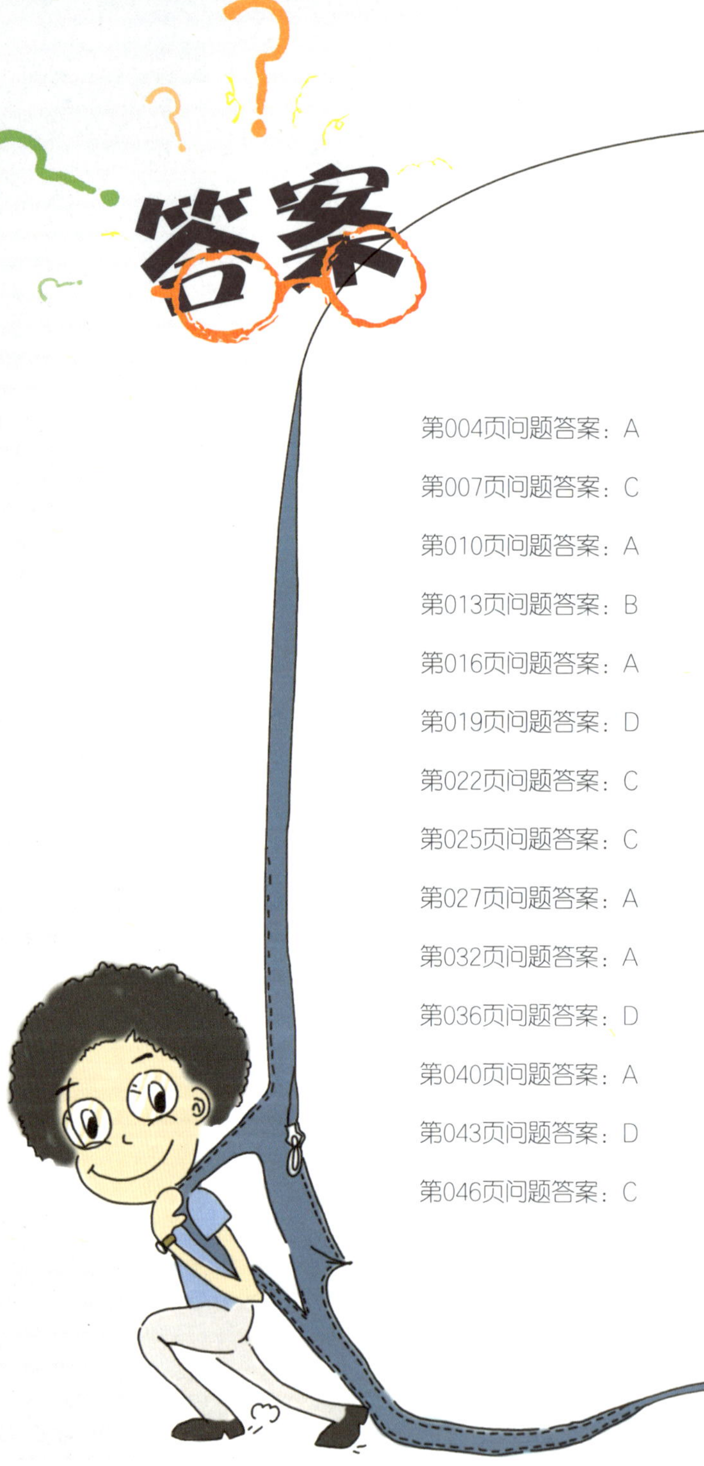

答案

第004页问题答案：A

第007页问题答案：C

第010页问题答案：A

第013页问题答案：B

第016页问题答案：A

第019页问题答案：D

第022页问题答案：C

第025页问题答案：C

第027页问题答案：A

第032页问题答案：A

第036页问题答案：D

第040页问题答案：A

第043页问题答案：D

第046页问题答案：C

第049页问题答案：D

第053页问题答案：C

第056页问题答案：D

第062页问题答案：B

第065页问题答案：C

第068页问题答案：B

第071页问题答案：C

第075页问题答案：C

第080页问题答案：A

第084页问题答案：B

第086页问题答案：B

第089页问题答案：C

第092页问题答案：D

第095页问题答案：B

第99页问题答案：A

第103页问题答案：C

第109页问题答案：C

第113页问题答案：C

第116页问题答案：D

第119页问题答案：B

第125页问题答案：B

第129页问题答案：A

第133页问题答案：D

第137页问题答案：C

第140页问题答案：C

第143页问题答案：C

芝麻将带你走进奥妙无穷的神奇世界！探索未知就是开拓未来！你的脑海里有多少个小问号？大千世界有多少不明白？赶快到芝麻的科学宝库里找找吧！

——中央电视台少儿频道主持人　小鹿姐姐

小时候我和身边的许多小伙伴都有当科学家的梦想，但总找不到探索科学的途径和方法。我的好朋友芝麻为今天的小朋友领航："芝麻开门"是一句神奇的咒语，一档神奇的电视节目，更是一本神奇的百科全书！

——中央电视台少儿频道主持人　周洲

芝麻虽小，但力量无穷。感谢芝麻为孩子的心灵打开一扇智慧之门。

——中央电视台少儿频道主持人　月亮姐姐

只有不畏攀登，不怕巨浪，才能登上高山，深入水底，找到科学的真理。请小朋友们跟随芝麻畅游在科学的世界里吧！

——中央电视台少儿频道主持人　金豆

觉得科学知识枯燥难懂吗？快来看《芝麻的科学书》吧！芝麻把科学知识变得简单有趣，让你爱上科学，成为小小科学家！

——中央电视台少儿频道主持人　杜悦

说一句"芝麻开门"吧，有无限惊喜等着你！芝麻的科学书，让科学变得好好玩！还等什么，赶快和芝麻一起探索科学的奥秘吧！

——中央电视台少儿频道主持人　阳光姐姐

很多事情，乍看上去就像芝麻的头发一样一团乱麻，没有头绪。但是，只要你用眼睛观察，用手实践，用心感受，你就会发现其中的规律，让我们记住那句密语"芝麻，芝麻，开门吧"！

——中央电视台少儿频道主持人　小时

芝麻爱大家，科学实验天天夸。孩子喜欢家长乐，学习知识有办法。

实验虽小道理大，出书总结最奥妙。生活之中切莫要，丢了西瓜捡芝麻。

——中央电视台少儿频道主持人　哆来咪

科学泡泡，动手动脑。芝麻开门，探索奥妙。

——中央电视台少儿频道主持人　红果果和绿泡泡

想推开科学的大门？打开这本书然后高呼“芝麻开门吧”！

——中央电视台少儿频道主持人　黄炜

让生活变得科学，让科学融入生活。我们爱芝麻，芝麻爱科学。

——中央电视台少儿频道主持人　毛毛虫

爆炸头的芝麻，博学、机智、顽皮、可爱，他亲身体验，亲手完成无数有趣的科学实验。想和芝麻一起玩科学？那就快说：“芝麻开门吧！”

——中央电视台少儿频道主持人　徐柳

芝麻芝麻真神奇，大大脑袋智慧多；众多动物来聚会，芝麻机智答疑惑，大象小马该咋哈，猩猩猴子如何分；不用去找老师问，芝麻这就告诉你。快加入芝麻的科学派对吧！

——中央电视台少儿频道主持人　陈怡姐姐

更多精彩阅读

芝麻科学探险解谜系列惊喜来袭！

这里有让孩子脑洞大开的科学元素和科学知识；

有惊险刺激、悬念迭生的科学探险故事；

还有开阔视野、增长见识的烧脑谜题……

快来跟少年芝麻一起体验神秘的科学探险之旅吧！

真相在召唤！

神秘地图（1）：草原王国的守望者　神秘地图（2）：潜水艇上的法老王

神秘地图（3）：始皇陵中的永生石　神秘地图（4）：雨林神殿的隐形人

神秘地图（5）：远古巨龙的咆哮声　神秘地图（6）：翡翠岛上的机械师

神秘地图（7）：彩虹山谷的暗影侠　神秘地图（8）：塔斯马尼亚的恶魔

神秘地图（9）：雪域高原的狼图腾　神秘地图（10）：地心溶洞的凤凰劫

一张神秘地图的召唤，崇尚科学、喜欢探险、勇于挑战的少年芝麻——麻哥和小伙伴们踏上了危机四伏、惊心动魄的科学探险之路，穿越草原王国、潜入黑暗海底、揭示永生之谜、探秘神奇雨林、历险恐龙世界、勇闯遗失海岛、深入蛮荒山谷、冒险世界尽头、奔赴雪域高原、涉险地心溶洞……他们依靠不凡的想象力和一往无前的勇气，辅以科学的神奇力量，不断战胜大自然的险恶环境，与暗藏的黑暗反派斗智斗勇……